佐藤圭一

選ばれ続ける必然

誰でもできる「ブランディング」のはじめ方

講談社+α《プラスアルファ》新書

はじめに　お客様は何を基準にして選ぶか？

商品に魅力があるだけではダメ

かつて「ブランド力を高める」といえば、広告を打ち、知名度を上げることと同義に捉えられていた時代がありました。世の中にあまり情報が出回っていなかった時代は「有名なもの＝良いもの」だと思われていたからです。

テレビCMをしている商品は安心。新聞でよく名前を見る会社は信頼できる。そう考える人が多かった時代は、大金を投じて何度もテレビCMを流し、知名度アップに尽力することに意味がありました。

ネットもSNSもない時代には、「みんなが知っているもの」は、そのまま「みんなが欲しがるもの」でもありました。それほど遠い昔ではありません、15～20年くらい前の話でしょうか。

しかし現在は、「有名なもの＝良いもの」と考える人たちが激減しています。

そもそも情報量が多すぎて広告が届かないという側面がありますし、届いたとしても、企業からの一方的な宣伝文句を「本当に？」と疑いながら見ている人も大勢います。

ニールセンの行った「広告信頼度グローバル調査（2015年9月）」によると、テレビ広告や雑誌広告など従来型マスメディアの信頼度が60％前後なのに対し、信頼する情報の上位三つは、友人や家族からの推薦（83％）、企業（ブランド）ウェブサイト（70％）、インターネット上の消費者の口コミ（66％）でした。つまり、現代の生活者は企業側からの一方的な情報発信だけではその会社を評価せず、自ら情報をしっかり判断し、自分なりに考えたうえで会社や商品を選ぶようになってきました。

さらに言うと、最近では、商品そのものの良し悪しだけではなく、それを提供している会社の姿勢やビジョン、社員の考え方やふるまいなどを商品選びの基準にする人も増えました。

アップルのファンは、スマートフォンもノートPCも、腕時計までも、すべてアップル製品で揃えようとします。これは一つひとつの商品スペックを吟味して選んでいるのではなく、世界に革新をもたらそうとするアップルの企業姿勢に共感し、スマートで洗練された「アップルらしい」一貫性のあるデザインを愛しているからでしょう。

一方で、近年自動車業界をはじめ、名だたる企業の不祥事が数多く報道されています。不祥事は一瞬にしてこれまで培ってきた信頼を失うことになり、最終的には会社経営に重大な危機をもたらします。このような不祥事は、組織風土や会社の文化といった、目には見えないけれども企業活動の根源にある価値観や考えが、社員一人ひとりのあいだでズレていることが背景にあるのではないかと思われます。つまり会社や経営者が言っていることと、実際にやっていることに一貫性がないのです。こうなると、たとえその会社の商品に魅力があったとしても、生活者は選びづらくなります。その会社が信用できないからです。そしてその信用を回復するにはとても長い時間がかかります。

このように、一方的に発信する広告だけでは、会社は評価されませんし、選ばれることもありません。情報が非常に多くなり、また個々人の体験も共有されるようになってきた現代では、一人ひとりの頭の中に、その会社のイメージや良い体験を集積し、信頼され、好かれなくてはいけない時代になってきたのです。

ブランドとは「頭の中に存在する価値やイメージのかたまり」

会社の名前を聞いたりロゴを見たりしたとき、人はこれまでの体験や情報からその会社の持つ特徴やイメージ、もしくは評判などを頭の中に浮かべます。この「頭の中に存在する価値やイメージのかたまり」が「ブランド」です。アップルと聞いて思い浮かぶこと。不祥事を起こした会社の名前を聞いて感じること。これらすべてがブランドです。

ブランドというとシャネルやルイ・ヴィトンといった「高級ブランド製品」をイメージする人が多いかもしれません。ですが、「頭の中に存在する価値やイメージのかたまり」と定義すると、名前のあるもの、つまり人間だってお店だって地域や国であっても、人々が価値や意味を感じるすべてが対象になります。

コップに入った水とエビアンの水、普通のお米とコシヒカリ、100円ショップのボールペンとモンブランのボールペン。差がないような「モノ」に名前がつくと、その名前の背景にある価値やイメージが想像できます。そうなると人は選ぶ基準を持てます。さらにその価値が自分にとって特別なものなら、好きになりファンになることがあります。

モノからブランドに変わる、つまりブランド化すると、大きく三つの利点があります。

まず、他のものとのちがいがわかるので**選ばれやすくなる**こと。つまり、たくさん売れるようになります。次に、好きになってもらえれば**選ばれ続ける**ようになります。そうなると継続的に売れ続けます。そして、ファンになってくれれば**価格が高くても選んでくれます**。これらによって、会社は継続して高い収益を得ることができるようになるのです。

情報が爆発的に多くなり、人々の価値観も多様化し、そしてビジネスにおいては差別化が非常に難しくなった現代において、会社が持続的に成長・発展していくためには、多くの人から信頼され、選ばれ続ける必要があります。そのためには会社が強いブランドになる必要があります。根強いファンを作って、多くの人から「愛される会社」になることが求められます。

このようなブランドを人々の頭の中に作っていくこと。それが「ブランディング」です。すなわち、「モノに独自の価値やイメージを付け、それをカタチにする。そして伝える」という一連の活動をブランディングというのです。

ブランディングというと、「広告を打って知名度を上げること」と捉えられがちですが、それはブランディングの一部でしかありません。

いまの時代は、会社の姿勢や社員のふるまいなどをもとに信頼されうる会社が求められています。

「認知されること」以上に、「どのように評価してもらいたいのか」、すなわち「どんな会社でありたいのか」を定義づけ、会社のさまざまな活動にズレをなくし、お客様との多くの接触ポイントで一貫した価値提供をしていく。それによって信頼を獲得していくことが、大事になってきます。

ブランディングはBRAND＋INGでできている

ブランディングの業務を説明するときに、私は「ブランディング」を「ＢＲＡＮＤ」と「ＩＮＧ」の二つの要素に分解しています（図表1）。

「ＢＲＡＮＤ」では、「あるべき姿を規定して、カタチにする」ことを行います。自分たちの会社や商品はどのような価値を提供できるのかをしっかり固めて、あるべき姿を明確にする。そしてそれをスローガンやロゴなど、言葉や視覚でカタチにするのです。

【図表1】BRANDINGを分解する

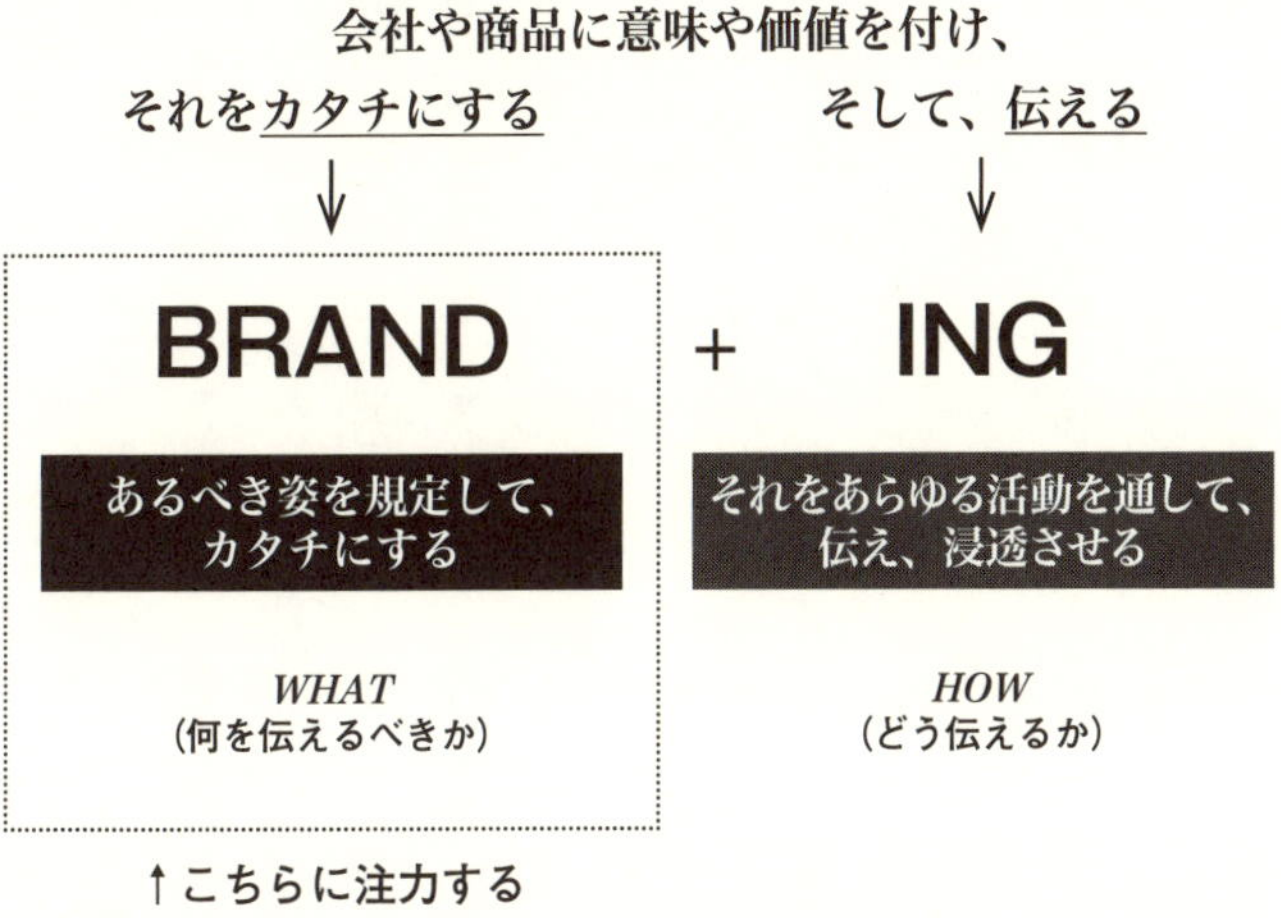
会社や商品に意味や価値を付け、
それをカタチにする
そして、伝える
BRAND
+
ING
あるべき姿を規定して、カタチにする
それをあらゆる活動を通して、伝え、浸透させる
WHAT
（何を伝えるべきか）
HOW
（どう伝えるか）
↑こちらに注力する

「ＩＮＧ」では、「あるべき姿をあらゆる活動を通して、伝え、浸透させる」活動を行います。

つまり、ブランディングとは「あるべき姿をカタチにして（ＢＲＡＮＤ）」＋「それを社内外に浸透させていく（ＩＮＧ）」活動であるといえます。言い換えれば、「何を伝えるべきか（ＷＨＡＴ）」をしっかり考え、そののちに「どう伝えるか（ＨＯＷ）」を考える作業だとも言えます。

この二つのうち、私が注力するのは、「ＢＲＡＮＤ」のほうです。ブランディングを進める際には、**「ＢＲＡＮＤ」を明確にすることに9割の力を注ぐ**と言ってしまってもいいほどです。

なぜなら、「何を伝えるべきか」がはっきりしないのに、「どう伝えるか」という手段ばかりにとらわれるのは、穴の空いたバケツで水をくんでいるようなものだからです。

ところが、世間でブランディングと言われる仕事の中身は、この後半の「ＩＮＧ」の部分だけのことがよくあります。具体的には、自分たちはどのような独自価値を提供できるのかを議論できていないまま、ホームページのデザインをリニューアルしたり、広告表現を繰り返し変更して訴求したり、または社長の思いつきで経営方針を変更したり、というようなケースです。

みなさんの会社は大丈夫ですか？

「何を伝えるべきか」がはっきりしていないのに、ホームページのデザインを変えよう、ロゴをチェンジしよう、広告を繰り返して認知度をあげようといった施策ばかりを議論していませんか？

経営者の方々は、「自分の会社がどうあるべきか」を明確に話せますか？　そして、それは社員のみなさんに浸透していますか？

自分たちの「あるべき姿」をしっかり考えること。それは決して難しいことではありません。**その答えはすべて自分の中にある**からです。

私は、さまざまな会社のブランディングをサポートするブランドコンサルティングという仕事を生業にしています。これまで、製造、金融、流通、情報通信、サービスなど、多岐にわたる業種の企業のほか、地方公共団体や大学なども含めて、100社近くのブランディング・プロジェクトに携わってきました。

この本では、ブランディングでもっとも重要な、「BRAND」のほうにフォーカスをあてて、「会社のあるべき姿を規定して、カタチにする」方法を、私のこれまでの実務経験をベースに、できるだけやさしくお伝えしていきます。

まず、前半の第1章から第3章にかけては、ブランディングが必要とされる背景や、ブランド作りで大切にすべきことについて説明いたします。

そして、第4章からは、誰でもブランディングをはじめられるように、実践的なブランディングの方法について、順を追って解説していきます。

特に次のような課題意識をお持ちの方にとっては、本書を読むことで、具体的に何から始めれば良いのか、何をすれば良いのかがわかるようになり、自らすぐに実行に移せるのではないかと思います。

・自社の強みや魅力、他社との違いを明確に伝えられない
・経営者と現場社員のベクトルを一致させ、一体感を持たせたい
・会社の名前やロゴ、スローガンを作りたい、変更したい
・お客様や社会から信頼され、愛される会社へと自社ブランドを高め、確立させたい

ブランディングというと、とても難しいもののように思う人もいるかもしれません。でも、本書を通じて正しい方法さえ知ってもらえれば、誰でも必ず自分たちで会社のブランディングを進めることができるようになります。そして、ブランディングによって、お客様に選ばれ続ける会社になることができます。

答えは自分たちの中にあるのですから。

本書の構成（全体像）

本書では、まず、前半の第1章から第3章にかけて、ブランディングが必要とされる背景や、ブランド作りで大切にすべきことについて説明いたします。

そして、第4章からは、誰でもブランディングをはじめられるように、実践的なブランディングの方法について、順を追って解説していきます。

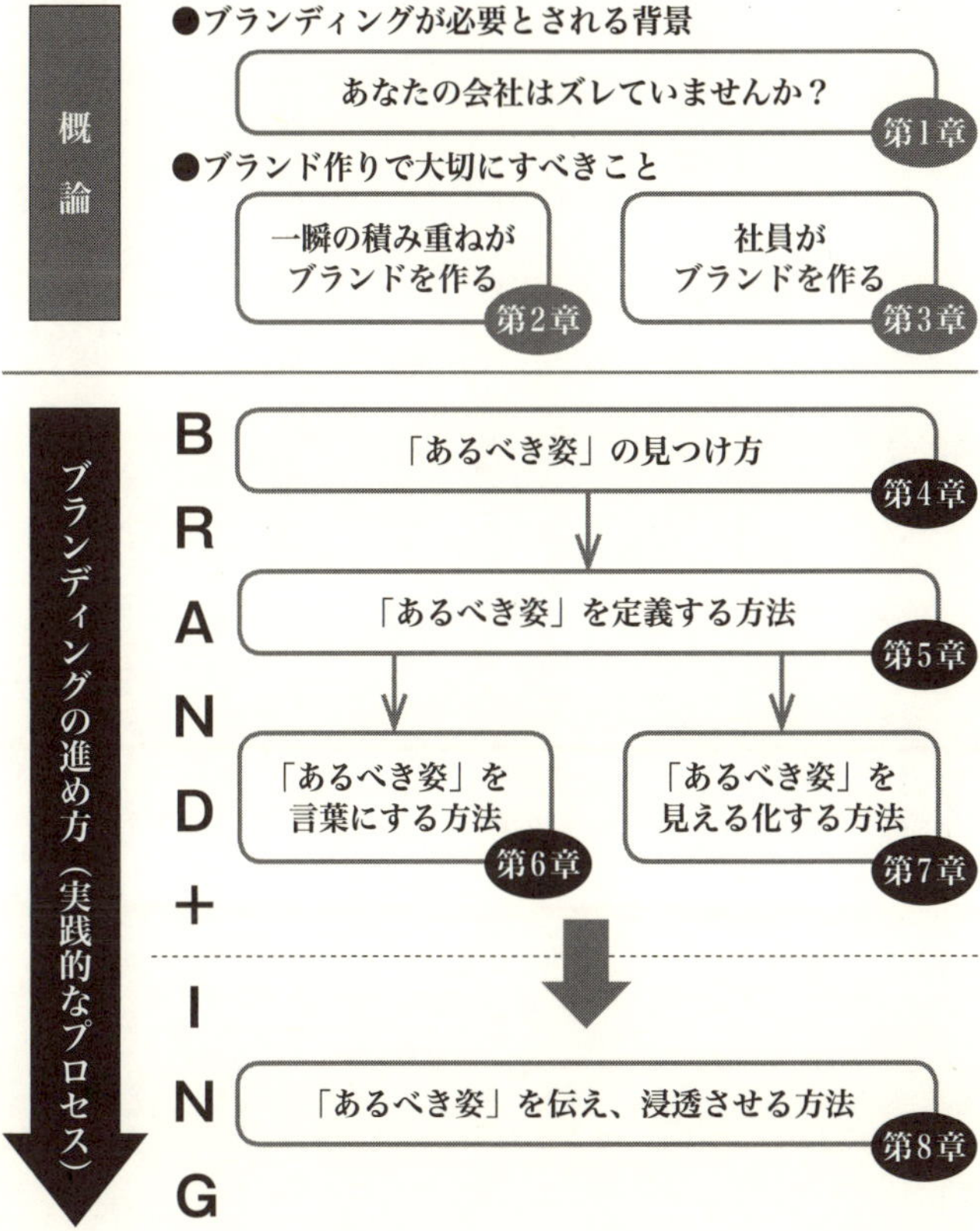

◉目次

第2章　お客様との接触ポイントに気配りしていますか？

第3章　社員は自社の魅力を語れますか？

第4章　自社の魅力をどこから見つけますか？

第5章 自社の「あるべき姿」は明確ですか？

第6章　自社の「あるべき姿」を言葉にできますか？

第7章　自社の「あるべき姿」を見える化していますか？

第1章　あなたの会社はズレていませんか？

「あるべき姿」が明確に定まっていない会社には、さまざまなズレが生じます。

会社の想いとお客様の評価のズレ。

会社の方針と社員のふるまいのズレ。

社員同士の意識のズレ……。

これらのズレは、会社のウィークポイントになります。ズレがある会社は、ブランドイメージの統一感を損ない、お客様には選ばれにくく、社員にとっては働きにくい会社となります。

みなさんの会社は、ズレていませんか？

「あるべき姿」は、しっかり共有されていますか？

会社とお客様はこんなにズレている

「自社の強みはこれだ！」と会社が考えていることと、お客様が「ここが魅力でその会社を選んでいる」と感じていることは、意外とズレているものです。

たとえば、銀行が自社を語るときによく言うのが「健全経営」や、「顧客志向」といった言葉です。

でも実際、生活者にヒアリングをすると、彼らが銀行に求めているのは、「近くに店舗があること」や「ＡＴＭが多いこと」といった利便性だったりします。また銀行員に対するイメージでは、「高飛車で不親切」とか「官僚的で冷たい」といった印象を持たれていることもあります。

銀行がどれだけ「私たちは経営基盤がしっかりしていますよ」とか「お客様を大切にしていますよ」といった自社の考えをアピールしていても、お客様が「求めているのは、そこじゃない」と感じているとしたら、銀行とお客様の間には大きなズレが生じています。

そして、このようなズレがある銀行は、支持されづらくなります。

一方で、窓口業務の時間を拡大したり、ＡＴＭの手数料を24時間無料にしたりしたある地方銀行などは、他の銀行に比べてお客様から非常に高く評価されています。**「送り手側が提供できる価値」と「受け手側が求めている価値」の間にズレがない**からです。

会社とお客様の間のズレは、お客様離れを起こし、会社が伝えたい価値とお客様が受け取りたい価値が一致している場合は、お客様満足度はあがります。

もう少し身近な話で、ラーメン屋さんについて考えてみましょう。

以前、内装や店員の服装をおしゃれにして差別化をはかった店がありました。雑誌などに取り上げられ、いっときは行列ができたのですが、結局、味が良くないとお客様はリピートしません。気づくと閑古鳥が鳴き、あっという間に閉店してしまいました。

これもやはり、お店とお客様の間にズレがあるから起こるミスマッチです。

送り手側はおしゃれであることを価値だと感じ、受け手側は美味しいことを価値だと感じる。このズレに気づけないと、どんなに宣伝をしても、雑誌に取り上げられても、選ばれ続けるお店にはなれません。

会社の方針と社員のズレはお客様を不安にさせる

会社が目指す方向と、社員のふるまいにズレがある場合もあります。

ブランドを作り上げていくには一貫性が必要です。 どんなシーンでその会社と出会ったとしても、「あの会社らしいね」と言われる、筋が通った一貫性です。

にもかかわらず、会社が獲得しようとしているイメージと、それぞれの接触ポイントで社員が提供しているものには往々にしてズレがあります。

会社が言っていることと、その会社の社員のふるまいがズレていると、やはりお客様はその会社や商品に不安を感じます。

ある会員制のリゾートホテルでこんなことがありました。

そのホテルは富裕層を対象とした、とてもラグジュアリーなホテルで、黒を基調としたホームページやパンフレットはハイセンスで高級感にあふれています。

ところが、そのホテルからパンフレットを取り寄せたときの送付状が薄っぺらいコピー用紙で安っぽく見えたり、送付状の宛名がスタッフの手書きで丸文字のため幼い印象だったりと、その会社から受けるイメージにはズレがありました。

人は、あらゆる接触ポイントでその会社を評価します。どれだけホームページがかっこよかったとしても、送られてきた送付状に違和感を抱いたら、そのイメージにはズレが出て、お客様は不安になります。

この話の本質は「丸文字を書いて高級なイメージを損なうべきではない」という単純なことではありません。

ひょっとしたら、送付状の宛名を書いているスタッフは、親近感を持ってもらいたいと思って手書きにしたのかもしれません。しかし、もしそのスタッフが良かれと思ってやっている善意の行動が、会社のイメージを損なうとしたら致命的な「ズレ」です。

自分たちの気づかないところで、会社が目指すべき方向性と社員のふるまいにズレが生じていることはありませんか？

社長はライオン、社員はウサギ？

経営者と現場社員の考えがズレていることもよくあります。

ブランディングのお手伝いをする際、社員が自社の価値をどのように考えているかを探るために、ワークショップを開くことがあります。

詳しくは第4章で述べますが、そこで実施する一つのワークが、会社の「らしさ」やイメージをイラストや写真で置き換える作業です。

たとえば、イヌやネコ、ライオンやゾウ、シマウマやチーターなど、いろいろな種類の動物の写真を100枚ほど見せて、どの動物が自社のイメージに近いか、どれが自社のイメージから遠いかを、3枚ずつ選んでもらうのです。

あるワークショップで、経営者がライオンやトラといった積極性や攻撃性をイメージさせる獰猛な動物を選んだのに対して、社員はウサギやリスのような小動物を選びました。こういったときは、たいてい、経営者と現場の間に会社のイメージに対する大きなズレが生まれています。

経営者に対して「社員のみなさんは、ウサギやリスを選びましたよ」と言うと「えっ？」と驚かれます。

経営者と社員が考えるイメージのズレが大きく、会社に対して求める理想像がちがえばちがうほど、両者の間には不満がつのっていきます。先の例のように、経営者が攻撃的な強さをアピールしているのに、社員が控えめで受け身の印象がある会社の場合は、将来的にブラック企業と受け止められてしまうリスクもあるかもしれません。

ベンチャー企業が急速に大きくなって、安定企業になったときなども、経営者と社員の双方にイメージのズレが生まれやすくなります。

社長を含めた創業メンバーにはアグレッシブな空気があるけれど、ある程度大きな会社になってから入社してきた社員は、大企業だと思って入ってきたのですから、安定を求める保守的な人もいます。

こんなケースもあります。

引越し業者や運送業者などで、経営者は「安全、安心な社会の実現をめざす」とうたっているのに、現場の社員は上司から「スピード配送第一」を求められて、ついつい追い越し運転やスピード違反をしてしまうというような場合です。

たった一人の運転手の割り込みで不快な思いをした人が、トラックに書かれた社名を見て「言っていることとやっていることがちがう。もう、二度とあの会社は使わない」と思うことだってありえます。

経営者や管理職、そして若手社員までさまざまな階層の社員がいるなかで、あなたの会社は、社員それぞれの考えや想いにズレはありませんか?

社員同士のズレもお客様には見えてしまう

社内のズレは、経営者と社員の間だけのものではありません。

会社にはいろいろな部署がありますが、それぞれの部署にインタビューに行くと、真逆のことを言われるケースがよくあります。

たとえば、営業の人にインタビューすると「うちは開発力がなくて、ライバル社に追いつけない」と言い、一方で研究開発している人たちは「すごくいいものを作っているのに営業が弱腰だから売れない」と言います。製造部門が「故障しないいものを作りたいので納期を急がせないでほしい」と言う一方で、マーケティング部門は「この時期に販売できないと機会損失になる」と言ったりします。

最初に車を買ったときのディーラーの担当者が親切だったから、また今回も同じ会社で買おうと思ったのに、次の担当者は、まるで同じ会社の人とは思えないくらい杓子定規で融通がきかず、買う気が失せたという話も聞きます。

お客様は、あらゆる部署の社員を、すべて同じ会社の一員とみなしています。たとえ、た

【図表2】「送り手のあるべき姿」と、「受け手のイメージ」とのギャップを埋める

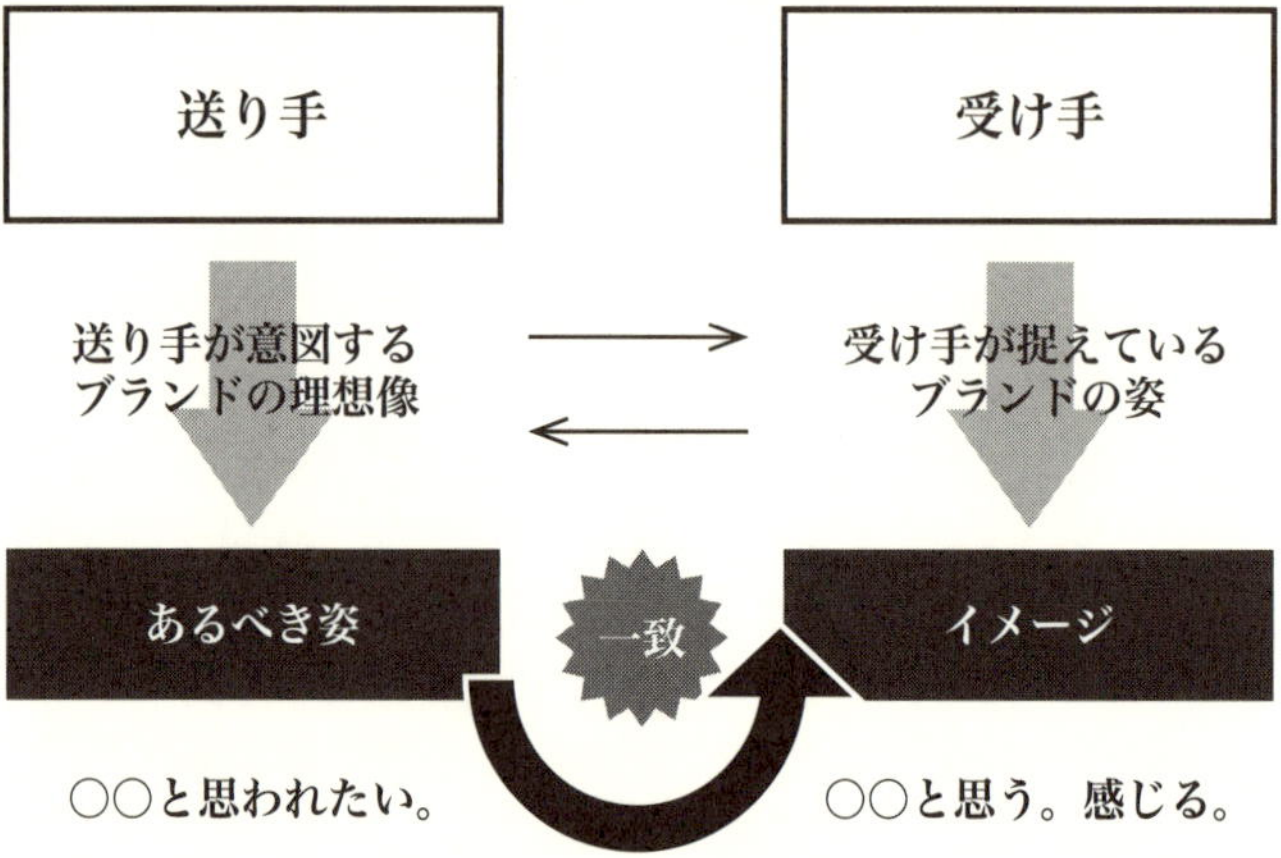

った一人であったとしても、会社の方針とズレたふるまいをしていると、その会社全体に不信感を持つ可能性があります。

少なくとも、担当者が変わるたびに対応がコロコロ変わったり、接客態度のクオリティにばらつきがあったりするのであれば、「この会社と長く付き合っていこう」という気持ちは薄れるでしょう。

ズレは会社のウィークポイントになる

ブランディングで重要なことは、**送り手側の「どう思われたいか」と、受け手側の「どう思っているか」のギャップを埋めていく**ことです（図表2）。

あなたは、自分の会社のどこが評価され

てお客様に選ばれているかを言えますか？　どういうイメージを持たれていて、何を期待されているのかを、はっきり言えるでしょうか？

一方で、自分たちの会社がどのように見られたいかを言えますか？　自分の会社の価値や、ありたい姿は明確でしょうか？　それが社員の間でも共通の認識になっているでしょうか。

送り手側の想いと受け手側の意識、その双方を明確にしていくことが、ブランディングの第一歩です。

そして「自分たちがどう思われたいか」と「お客様がどう思っているのか」の間に、できるだけズレがないように、会社のさまざまな活動や社員の行動に一貫性を持たせていくことが重要になります。

お客様、会社、経営者、社員のそれぞれに「ズレ」が生まれることが好ましくないのは、この「ズレ」が会社のウィークポイントになるからです。

会社とお客様の間にズレがあると、

・会社が提供するものと、お客様の求めていることがズレてしまうので、事業や商品・サービス開発がうまくいかない
・会社が伝えたいこととお客様が知りたいことがズレてしまうので、広告や販促活動がうまく伝わらないし、無駄になる

それらの結果、本来会社が持っている強みや魅力をきちんと理解してもらえず、お客様から選ばれにくくなります。
つまり、会社とお客様との間にある「ズレ」は、結局、会社の経営全体に悪い影響を与えてしまうのです。

経営者と社員の間にズレがあると、

・経営者の考えを現場社員が理解していないため、経営方針が伝わりづらく、伝達に時間がかかる
・現場の考えを経営者がわかっていないので、下位の意見がなかなか認められない、上申し

ても却下ばかりされる

その結果、社員のモチベーションが低下し、社員にとっては働きづらい環境になるなどのデメリットが生まれます。

社員と社員の間にズレがあると、

・接する社員ごとに印象が異なるので、その会社に対する評価がその都度変化してしまう
・担当者が変わるごとに対応が異なるので、継続してその会社を選びにくくなる

つまり、社員の考えやふるまいがバラバラでは、ブランドが確立しづらく、お客様が中長期にわたってその会社を選び続けることができなくなるリスクがあります。

なぜ、ズレるのか?

ズレがあることによるこのようなデメリットは、おそらくみなさんも想像がつくと思いま

す。特に経営者であれば、できるかぎり一貫性のあるメッセージを発信し、お客様に信頼され、選ばれる会社にしたいと考えていることでしょう。

にもかかわらず、なぜ、このようなズレが生まれてしまうのでしょうか。

これらのズレが起こる原因は、たった一つ。**「会社のあるべき姿」が、関係者全員にわかりやすいカタチで共有されていない**からです。

先ほど例にあげた会員制のリゾートホテルで、この会社が「私たちのホテルは、非日常的でラグジュアリーな空間を提供する場であり、あらゆるシーンでお客様が『選ばれた人』であると感じさせることが価値である」と明確に定義されていたとしましょう。

それを全社員にしっかり浸透させることができていたら、おそらく宛名を書く人も丸文字で書こうとは思わないでしょうし、送付状の紙質にもこだわったはずです。そうすれば、すべてをマニュアル化しなくても、ズレは生じなかったにちがいありません。

担当者が変わるたびにコロコロ対応が変わる車のディーラーに関しても、「自分たちはお客様にどんな価値を提供し、どういう存在でありたいか」が社内でしっかり共有されていれば、たとえ担当者が変わっても、引き継がれるべきふるまい方は、きちんと引き継ぎをされるはずです。

先ほどもお伝えしましたが、ブランディングには一貫性が必要です。

そして、一貫性をもたせるために必要なのは、まず「BRAND＝あるべき姿（何を伝えるべきか）」を定義することです。それが決まれば、「ING＝どう伝えるか」でのズレは起こりにくくなります。

これからの時代は、あるべき姿をカタチにできる会社だけが生き残れます。

会社のあるべき姿とは、その会社のアイデンティティやビジョン、または独自価値や「らしさ」など言い方はさまざまですが、現在、自社のあるべき姿が明確で、それをはっきりと語れる会社が存在する一方で、自分たちを見失ってしまっている会社も多いと感じます。

そもそも商品やサービスで圧倒的な差をつけるのが難しい時代ですし、差をつけたとしてもすぐに追いつかれてしまいます。個性が出しづらい世の中です。また、会社が大きくなれば、創業時にくらべて事業の範囲が広がりますし、社員も増えます。自分たちの会社が大切にしてきた精神や、独自の価値が見えにくくなります。自分の会社のオリジナリティや目指すべき方向性を見失いがちになるのも仕方がありません。

けれども、あるべき姿が明確でないと、社員の気持ち（目指すべきベクトル）がバラバラになってズレていきます。

あるべき姿が明確でないと、社員の行動、お客様との接触ポイントにおけるふるまいがバラバラになってズレていきます。

あるべき姿が明確でないと、企業活動（商品開発、製造、マーケティング、宣伝など）がバラバラになってズレていきます。

そして、あるべき姿が明確でないと、人々の評価やイメージがバラバラになり、お客様との関係がズレていきます。

結果として、信頼され、選ばれ続ける会社になることはできません。

第２章　お客様との接触ポイントに気配りしていますか？

人はさまざまな接点で情報に触れています。その接触体験の積み重ねによって、頭の中に印象が記憶され、イメージを形成していきます。

お客様と会社の接触ポイントも多岐にわたります。商品やパッケージはもちろんのこと、広告やウェブサイト、店舗、営業マンなど非常に多くのポイントで、お客様は会社に接しています。

一つひとつの接触ポイントがズレていると、お客様の認識やイメージにズレが出てしまいます。一方で、あらゆる接触ポイントで一貫した価値やイメージを提供できれば、効果的にブランドを構築することが可能になります。ここでも一貫性が重要になってくるのです。

お客様はどのタイミングでブランドを評価するのか

お客様は、あらゆる接触ポイントで、会社を評価しています。広告から想起されるような会社にとって都合のいいイメージだけでなく、一人ひとりがその会社との接触ポイントで感じたいろいろな体験や記憶の集合体が、ブランドになっていくのです（図表３）。

たとえばスターバックスと聞いたら、あなたは何を思い浮かべますか？「コーヒーのいい香り」と考える人もいれば、「おしゃれで快適」と思う人もいるでしょう。自分の経験や友人の体験談、商品の味や、店員の態度まで、あらゆることがあなたにとっての「スターバックス」ブランドになります（図表４）。

あらゆる接触ポイントで会社や商品が評価されるからこそ、どの接触ポイントにおいても「スターバックスらしい」イメージを与えることが重要になります。

その「スターバックスらしさ」は、マニュアルだけで作れるものではありません。自分たちの会社がどのような価値を提供できるのか、つまり「何を伝えるべきか」がはっきりしているからこそ、スタッフのふるまい、デザインやパッケージに統一感が出るのです。

【図表3】ブランドはあらゆる「接触ポイント」を通じて、人々の心の中に形成されていく

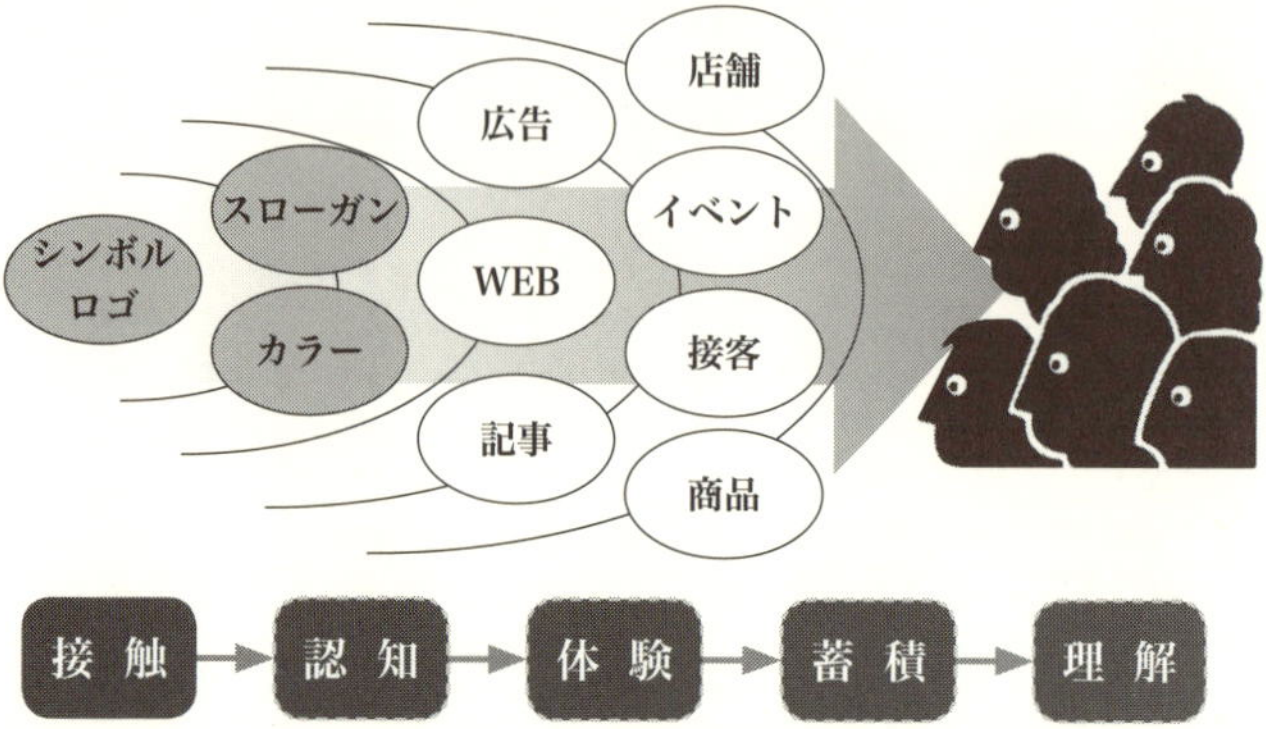

それらの統一感は、受け手にとっては「らしさ」や「世界観」として伝わり、そのブランドのイメージが形成されていきます。

一瞬の積み重ねがブランドを作る

例として銀行で考えてみましょう。

銀行を選択する基準として生活者が求めているのは「利便性」だと、すでに述べました。それなら店舗を増やせばいいかというと、経営安定化のために店舗の統廃合や人員削減などを推進しなければならない状況下では、現実的な解決策にはなりません。それでは提供する商品やサービスの魅力で惹きつけるのはどうか。これについても一般的に金融機関が提供する商品やサービスはどれも似通っており、金利や手数料

【図表4】連想されるもの、すべてがブランド

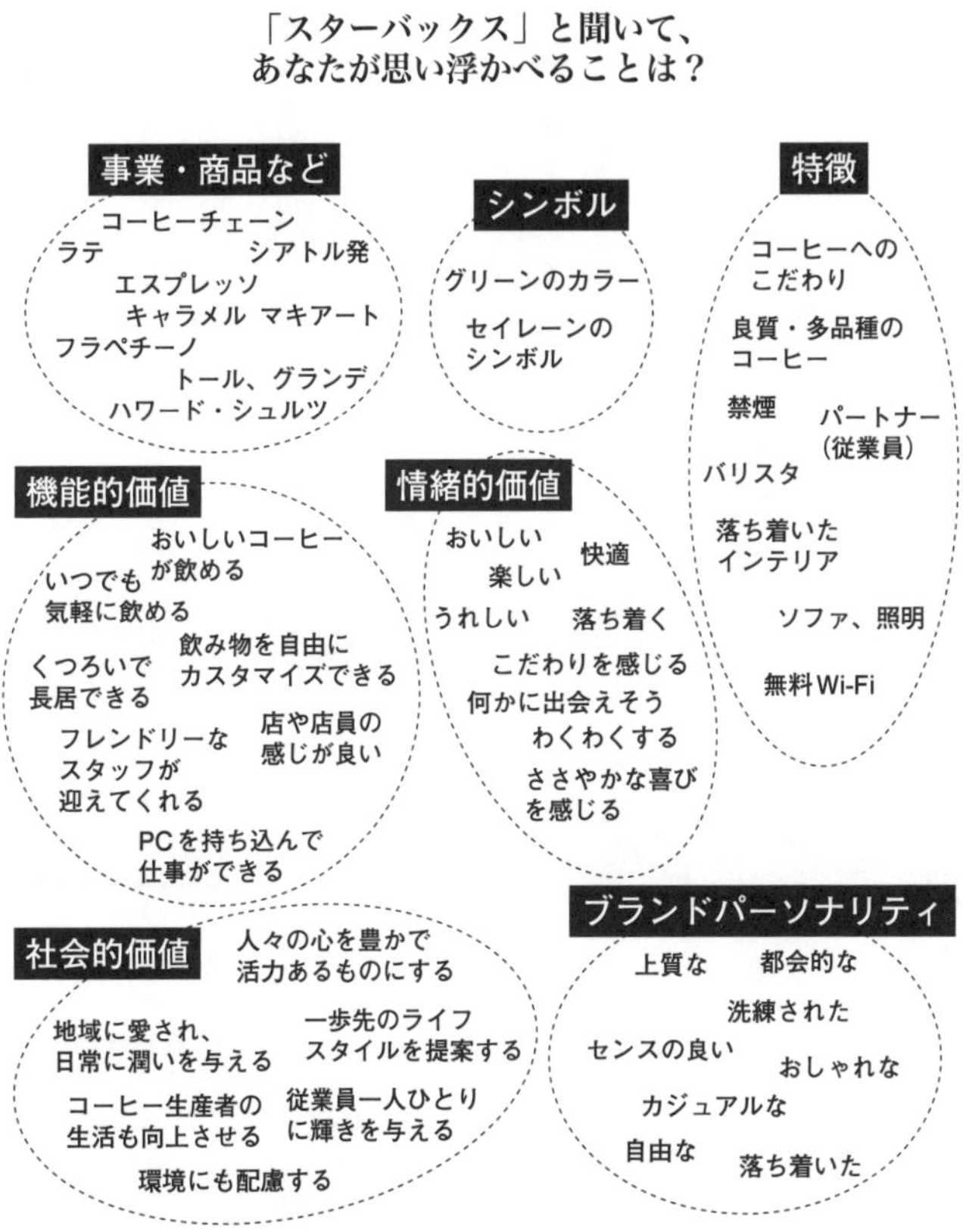
「スターバックス」と聞いて、
あなたが思い浮かべることは？
事業・商品など
コーヒーチェーン
ラテ
シアトル発
エスプレッソ
キャラメル マキアート
フラペチーノ
トール、グランデ
ハワード・シュルツ
シンボル
グリーンのカラー
セイレーンの
シンボル
特徴
コーヒーへの
こだわり
良質・多品種の
コーヒー
禁煙
パートナー
（従業員）
バリスタ
落ち着いた
インテリア
ソファ、照明
無料Wi-Fi
機能的価値
おいしいコーヒー
が飲める
いつでも
気軽に飲める
飲み物を自由に
カスタマイズできる
くつろいで
長居できる
フレンドリーな
スタッフが
迎えてくれる
店や店員の
感じが良い
PCを持ち込んで
仕事ができる
情緒的価値
おいしい
快適
楽しい
うれしい
落ち着く
こだわりを感じる
何かに出会えそう
わくわくする
ささやかな喜び
を感じる
社会的価値
人々の心を豊かで
活力あるものにする
地域に愛され、
日常に潤いを与える
一歩先のライフ
スタイルを提案する
コーヒー生産者の
生活も向上させる
従業員一人ひとり
に輝きを与える
環境にも配慮する
ブランドパーソナリティ
上質な
都会的な
洗練された
センスの良い
おしゃれな
カジュアルな
自由な
落ち着いた

などの判断材料はあるものの、お客様に選ばれるだけの明確な理由を提示できているものは少ないのが現実です。

そこで注目すべきことは、お客様が自分に合った会社や商品・サービスを選ぶときは、必ずしも合理的・客観的な基準だけで判断を下すのではないということです。実際には金利や手数料などの合理的な基準だけでなく、店舗の雰囲気や応対してくれた担当者の印象、また手にしたキャッシュカードやパンフレットのデザインなど、さまざまな体験を通じて頭の中に蓄積したイメージといったものも重視し、総合的な判断によって選んでいると考えられます。

たとえば店舗に行ったとき、待ち時間が同じ10分でも、一方では行員が皆キビキビ働いており、他方では奥に何人も行員がいるのに使っていない窓口があったとします。その場合前者は「いい銀行だ」と良い印象を持つかもしれませんが、後者はイライラしてきて悪い印象を持ち、再び来たいとは思わないでしょう。また、同じ口座を持っていたとしても、一方の銀行のキャッシュカードはセンスが良くオシャレなデザインで、もう一方は古臭く格好悪いデザインであれば、やはり前者のほうをより利用したいと思うのではないでしょうか。

数値上のスペックや物質的な機能ではなく、こうした**一瞬一瞬の積み重ね**によって、主観的で感覚的な品質を高めて好意や愛着を感じてもらうことが、「選ばれ続ける」ことにつながっていくのです。

それが航空会社であれば、チケットを予約するところから始まり、発券や荷物を預けるときの対応、搭乗時や機内でのサービスなど、あらゆるタイミングで人はその航空会社を評価し、その会社に対するイメージを蓄積していきます。

接触ポイントは、社員とお客様とが接する場だけではありません。カタログやホームページ、ＳＮＳでの口コミや、友達からの情報などにおいても、人はその会社を判断します。

いくら会社側が「うちの会社は航空会社の中で一番のサービスを行っています」と広告しても、その宣伝文句と、接客やサービスにギャップがあれば、良くないイメージが評判として広まっていきます。

だからこそ、会社が自分たちのブランド力を高めようと思ったら、ただの宣伝文句ではなく、「実際の活動」や「すべての接触ポイント」で良いイメージや良い評判を形成していく必要があるのです。

しかも、そのイメージや評判が、会社側が考える「自社のあるべき姿」とズレがなく、一貫していれば一貫しているほど、理想のブランドに近づきます。

市場が成熟化し、他社との差別化が難しくなっている昨今、会社から受けるイメージや雰囲気が商品やサービスの購買に大きな影響を与えます。だからこそ、以前よりもブランドへ注目をせざるを得ない状況が生まれているのです。

ＢｔｏＢ企業でもブランディングは重要

一方で、たとえば電子材料や工作機械など生産財を製造するＢｔｏＢ企業（企業対企業の取引をする会社）の場合、会社相手の取引しかしないので、一般の生活者との接触ポイントもほとんどないし、ブランドを気にしなくてもいいのではないかと言われることがあります。

けれども、私がブランディングをお手伝いしている会社は、ＢｔｏＢ企業も多く、実はＢｔｏＢ企業のほうが「一瞬の積み重ね」で選ばれているケースが多いのではないかと感じるくらいです。

ＢｔｏＢ企業にとっては、お客様は会社です。けれども、その会社の窓口となるのはやはり「人」なのです。ですから、会社を評価する接触ポイントは、実はＢｔｏＣ企業（企業対消費者の取引をする会社）同様に、たくさんあります。

商談する際の社員の服装や顔つき、手渡された名刺や会社案内のカタログ、パワーポイントで作った提案資料や見積書のデザイン、請求書を送るときの封筒など、いくつもの接触ポイントの積み重ねが、会社の雰囲気を形作っていきます。

来社してもらったときの受付やショールームの佇まい、工場見学での作業員の働き方や制服の着こなし、社用車のデザインなど、一つひとつの場所や人のふるまいも、会社のイメージを印象づけるものになります。

また、ＢｔｏＢ企業の場合、一つの取引金額が非常に大きいので、その際に同業他社と比べられることもよくあります。

取引内容や見積金額そのもの以外にも、「この会社は知的でクールな雰囲気」「この会社は地味だけど真面目な印象」などのイメージで、相手の会社の担当者に、「それならば、後者の会社のほうが、うちには合っているのではないか」などと判断されることもあるのです。

最近ではグローバルに活躍する日本のＢｔｏＢ企業が増えています。

海外の展示会でＧＥやシーメンスなどのブースを見て、「欧米の企業は、ブースのデザインから展示パネル、パンフレットまですべてデザインが統一されていてカッコいい。ＢｔｏＢ企業であってもブランディングをとても意識している」と、自社のブランディングの必要性を感じることもよくあるようです。

今後は、ＢｔｏＢ企業にとっても、あらゆる接触ポイントで自社の魅力を一貫して打ち出すブランディングに、一層注目が集まりそうです。

ビジネスは戦争型から恋愛型へ

いまの日本は超成熟市場時代に突入しています。成熟した市場では、商品自体で差別化することは、とても困難です。

たとえば、薄型テレビにパソコン、ケータイ電話……、家電量販店に行くとどれを選んだらよいのか非常に悩みます。激しい差別化競争の結果、いまその差はマニアでないとわからないくらい微差になっています。さらに、どんなに新技術や新機能を搭載しても、すぐ追いつかれてしまいますから、機能面で大きく差別化するのは、ほぼ不可能といってもいいでしょう。

そのような商品に差がつけられない現代において、将来にわたって会社が成長し続けることは非常に難しくなってきました。

超成熟市場の現代では、どのような商売であっても、ライバルが山のように存在します。そのような中、ビジネスは狭い市場でシェアを奪い合う競争よりも、お客様に愛され、長期的な関係を築くことを目指さなくてはいけません。

これを、私の恩師でもある嶋口充輝《しまぐちみつあき》先生は著書『ビューティフル・カンパニー』（ソフトバンククリエイティブ）の中で「戦争型」から「恋愛型」へ変わってきたと解説しています。つまり、ライバルの強みや弱みを把握しいかに市場でシェアを獲得するかに注力する戦争型の競争ではなく、お客様の気持ちを理解し、長く付き合っていくために心のシェア獲得を目指す恋愛型競争の時代になったというのです。

そのような時代には、ライバルとの差別化ばかりに気を取られるのではなく、お客様との共感や心の絆を重視していくべきです。すなわち、お客様から好かれ、愛される会社を目指していく必要があります。

商品の差別化が困難になっただけではありません。情報の量も爆発的に増えています。総務省の情報通信白書によると、国内のデータ流通量は２００５年から２０１４年の９年間で、約9・3倍に増えました。これからもますます増えていくでしょう。

佐藤尚之氏の著書『明日のプランニング　伝わらない時代の「伝わる」方法』(講談社現代新書)では、この半端なく情報が増えた状況を「情報〝砂の一粒〟時代」と呼んでいます。

つまり、いま流れている情報量は、世界中の砂浜の砂の数と同じほど多く、そこから選ばれるのは砂浜でたった一粒の砂に目をとめてもらうほど困難なことだというのです。

このような情報洪水の中では、会社からのメッセージ自体がお客様に届かなくなってしまいますし、たとえ伝えることができたメッセージも一瞬で忘れられてしまうでしょう。今後、会社のコミュニケーション活動は絶望的に難しくなっていきます。

そうした時代に大切になってくるのが「信頼している人からの情報」です。

「信頼している会社・社員からの情報」だったり、「信頼している友人知人」を通じて好意的に伝えてもらったりする情報が、とても重要になってきます。

あなたの会社は成長し続けられるか

これから時代が変わっても長きにわたり会社を成長・発展させていくには、お客様や社会から「選ばれ続ける」必要があります。さらにそのためには、「愛される会社」「信頼される

【図表5】目に見えるのはほんの一部

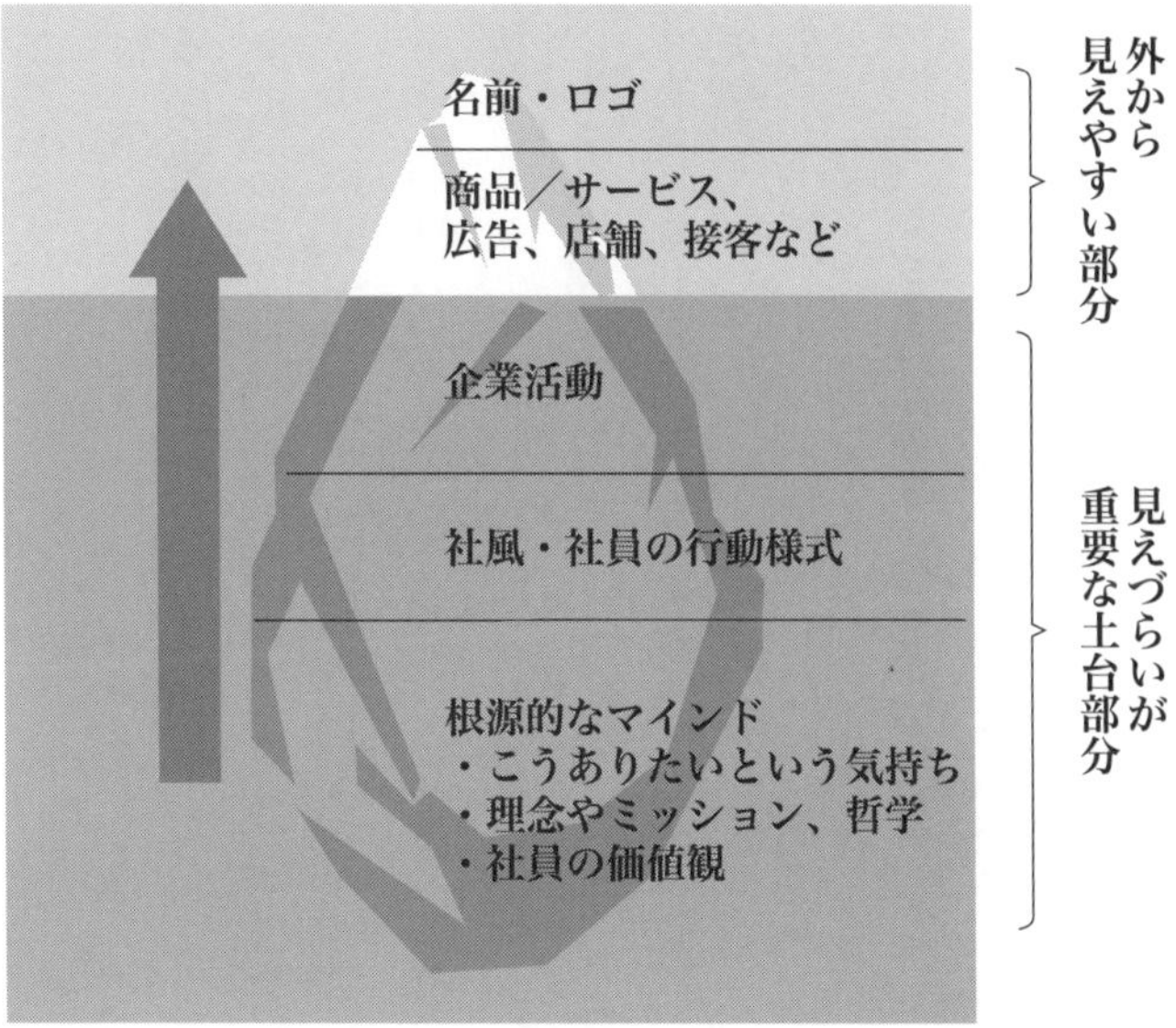

会社」を目指すべきです。つまり「根強いファン」を作り、ファンを拡げていくことが大事になってくるのです。

そのためには、商品やサービスの差別化ばかりに気をとられるのではなく、お客様がファンになってくれるように、「一瞬の積み重ね」を大切にしていかなくてはいけません。そこで決め手になってくるのが「ブランディング」です。

会社とお客様の接触ポイントで目に見えるのは、名前やロゴ、商品やサービス、広告や店舗、そして接客態度などです。

けれどもそれらは実は氷山の一角で、その外から見えやすい部分を支えるのは、会社の根となる「企業活動」とそれを行う「社員の行動」であり、さらに一番土台になるのは会社のマインド、つまり自分たちが大切にしている精神や哲学、こういう存在でありたいという気持ちです（図表5）。それが「会社としてのあるべき姿」と言ってもいいでしょう。

自分たちの会社の「あるべき姿」を全社員が理解し、それにふさわしい活動をして、あらゆる接触ポイントで一貫した価値をお客様に提供し続けること。この積み重ねこそが、お客様に支持される理由になります。

とても地味な作業に思えますが、長く選ばれ続ける会社でいるためには、この土台からしっかり考えていくブランディングが必須になっていくのです。

ブランディングとマーケティングのちがい

ブランディングの話をすると、必ず聞かれるのは「ブランディングで商品は売れるの？」という質問です。

その問いに私が答えるとしたら、「ブランディングをしっかり行えば、マーケティングも

【図表6】ブランディングとマーケティングの違い

	ブランディング	マーケティング
狙い	ブランド価値向上	売上拡大、シェア拡大
やるべきこと	ブランドの意志(夢)を抽出する ↓ あるべき姿を具現化させる活動	市場のニーズを探る ↓ 「売れる」仕組みを作る活動
どこに軸足を置くか	自社（アイデンティティ）起点	市場（消費者、競合）起点
期間	中期〜長期	短期〜中期

プロモーションもより機能しやすくなり、中長期的には商品も売れるようになります。ただし、すぐに売れるようになるものではありません」となります。

たしかに、「短期的に売るための施策としては、マーケティングやプロモーションのほうが力を発揮します。市場はどんどん変わっていくので、売るための方法もどんどん変えていかなくてはいけません。時代とともに変化するのがマーケティングです。

けれども、たとえ環境が変わっても、普遍的な会社の価値を認識し、提供し続けることで持続的な成長をめざしていくために必要なのがブランディングです（図表6）。

企業の寿命は30年くらいだと言われていますが、その寿命をこえて、お客様から選ばれ続け、長期的に成長し続けていこうと考えるのであれば、ブランディングが不可欠になります。

長きにわたって選ばれ続ける会社には理由があります。
その「選ばれ続ける必然」を作りだすのが、ブランディングの仕事だと言えるのです。

第3章　社員は自社の魅力を語れますか？

「いまの会社で定年まで働きたい」と考えている社員は、ある調査（※）によると5割を切りました。終身雇用時代が終わり、会社への「帰属意識」が薄い社員が増えてきています。

そんな時代に、みなさんの会社の社員一人ひとりは、自社の魅力をしっかりと語れるでしょうか？

その魅力は、お客様から見て、一貫したものでしょうか？

以前に比べて社内の人間関係が希薄になっているいまこそ、会社に対する社員の求心力が大切になります。

その求心力を生みだすのも、ブランディングの役割なのです。

※ All About『国民の決断』「転職」に関する意識調査（２０１４年）

社員がバラバラになりやすい時代

どんな会社も、創業時は「この会社をこうしたい」といったビジョンが明確です。社員50人くらいまでは、経営者が全員の名前を把握できる人数ですし、社員同士の距離もそれほど遠くはありません。経営者が毎日のようにビジョンを語っていれば、社員にも会社の「あるべき姿」が自然と浸透します。

けれども歴史を重ね、事業が増え、社員が増え、グループ会社が増え、組織が大きくなればなるほど、創業時のＤＮＡを継承させていくのは難しくなります。

会社が成長すればするほど、社員や部門は増え、縦割りの組織になっていきがちです。そうなると「自分の部門だけうまくいけばいいや」と考える人も増え、組織のタコつぼ化も進みます。特に合併や経営統合で別々の会社が一緒になったり、中途採用の転職者を大量に受け入れたりした会社は、組織の構成員が大きく変化し、社員の意識もバラけやすくなります。

正社員だけではなく、契約社員や派遣社員、パートやアルバイトなどさまざまな雇用形態があり、会社に対する想いもそれぞれ異なるでしょう。働くことの意識や価値観も多様化しています。会社で働く人たちの中には、仕事のほかに、趣味やボランティア、副業などに力を注ぐ人だっています。

終身雇用の時代が終わり、一つの会社で生涯働くという意識が薄くなってきた現代では、会社への帰属意識や、仕事に対する当事者意識が薄れてくるリスクもあるのです。

そのような社員がバラバラになりやすい時代、多種多様な社員が集まった会社組織において、組織の求心力を高め一体感を醸成していくことがこれからますます求められます。

そのためには、社員に、「自分たちは何をする集団であり、そのことを通じてこうありたいと願っている」という自社の「あるべき姿」をしっかり認識させ、ベクトルを合わせる必要があります。そこで決め手になるのがブランディングです。

強いブランドは「あるべき姿」が明確

ブランディングとは「あるべき姿をカタチにして(BRAND)」+「それを社内外に浸透させていく(ING)」活動です。そのなかで、強いブランドは特に、「BRAND」部分の、「会社のあるべき姿」がはっきりしています。そしてそれが社員にきちんと共有されています。

たとえば、東京ディズニーランドは「夢と魔法の王国」として明確に定義され、あらゆる商品やスタッフ（東京ディズニーリゾートではキャストと呼ばれます）の対応が、その「あるべき姿」に基づいて判断されています。

さらに、そのコンセプトがとてもわかりやすいので、採用の時点でも、その価値観に共感する人が集まってきます。

２０１１年の東日本大震災の際には迅速かつ柔軟に来園者を指定の避難所に誘導するとともに、避難所ではキャストがそれぞれの判断でお客様（ゲスト）のケアをしました。あるキャストは防寒と防災頭巾がわりに売り物のぬいぐるみを配ったそうです。それらの行動がとても迅速で、かつディズニーらしい対応だったと、のちに感動の声が多数寄せられました。

非常時にそれぞれが自己判断でお客様（ゲスト）の安全と快適さを確保しようとした行動は、日頃からディズニーランドが自社のあるべき姿を明確にし、それがキャストにも深く浸透しているからこそできたことでしょう。

同じく震災時に本社との連絡がとれない状況下、自らの判断で救援物資を運び、避難所で物資を整理する役割を買って出たのはヤマト運輸の社員たちでした。

ヤマトには「ヤマトは我なり」という、創業時から脈々と受け継がれ、毎日の朝礼で唱和される社訓があります。これは、「自分自身=ヤマト」という意識を持ちなさいという「全員経営」の考えを意味します。自分が会社の顔なのだから、行動基準は自分自身で判断するべきであるといった理念は、このような災害時に際立って機能します。

街のすみずみまで知り尽くしているヤマトのドライバーは、避難所ではなく自宅の2階などに避難している人々にも救援物資を配ることができました。また、倉庫管理のノウハウを持つヤマト社員だからこそできる救援物資管理で、子どものいない避難所におむつが山積したり、食料を腐らせたりするようなこともなかったといいます。

ディズニーやヤマトだけではありません。

ナイキは、「世界中の全てのアスリートにひらめきと革新をもたらすこと」をミッションとして、アスリートのパフォーマンスを高めるための革新的な商品開発に力を注いでいます。トップアスリートへのスポンサーシップを組むだけでなく、ナイキの活動には、すべてのアスリートへの敬意を感じさせます。

スターバックスは、「人々の心を豊かで活力あるものにするために─ひとりのお客様、一杯のコーヒー、そしてひとつのコミュニティから」というミッションがあります。自分たちの目指すところは、「人々の心を豊かで活力あるものにする」ことだと明確に定義し、自分たちの店舗を、仕事という第一の場所、家庭という第二の場所に続く、「第三の場所」と価値づけしています。スタッフの一人ひとりが、ただコーヒーを提供するだけのショップではなく、人々の心を豊かなものにするためのコミュニティ空間であろうとしています。

アップルは、明確な理念を掲げていないものの、過去にマッキントッシュ用の広告コピーだった「Think Different」という言葉が有名なように、物事をちがう角度から考え、すべての活動に革新をもたらし世界を変えようといった、スティーブ・ジョブズの哲学が共有されていると感じます。またその哲学は、スマートで洗練されたデザインにも反映され、商品はもちろんのこと、パッケージや、ホームページ、ショップの内装まで一貫性があります。すべてのデザインが「ほかの会社とはちがうアップルらしさ」として明確に認識され、支持されています。

このように、会社のあるべき姿がはっきりしていると、**「社員に共有されやすく」**、**「お客様にも理解されやすい」**状況が生まれます。そういった会社は共感されやすく、ファンを作りやすくなります。

社員に愛される会社は社外からも愛される

ブランディングの目的は、多くの人に選んでもらい、好きになってもらう、さらにはファンになってもらうことです。そのためには、自分たちの魅力を社外の人々に伝えていかなければなりません。そうなると、いかに多くの人に伝えるかということに目が行きがちですが、実は社内（社員）に目を向けることが重要になります。

社員の愛社精神や忠誠心（ロイヤルティ）は、会社の原動力となります。

自分の働く会社へのロイヤルティが高いと、当事者意識が生まれるので、仕事に責任感を持ち、熱心に働く社員となります。会社の目的や方針にのっとって、自発的に考え、動ける人になります。同僚と協力し助け合うのでシナジー効果が期待できます。離職率や欠勤率も減るでしょう。愛社精神があれば、会社のことを考え無責任な行動をしなくなります。

社員は一番のブランド伝道師であるとも言えます。

会社へのロイヤルティが高い社員は、家族や友人、お客様など周囲の人々に対して、自発的に自社の良いところを伝えたり、自社商品を推奨したりするようになります。企業広告よりも人から人への情報が伝わりやすいいま、社員を通じて社外の人々に会社の魅力が伝わっていくのです。

私ごとですが、ビジネススクールで学んでいたとき、いろいろな会社から派遣された人たちが「自分の会社ではこんな取り組みをしている」と誇らしそうに話をする姿が印象的でした。

愛社精神や、自社ブランドに対する誇りは、本人が思っている以上に、周りに染み出していくものです。

私も、彼らの語り口に感化されて「百貨店に行くなら、○○さんの勤めている百貨店にしよう」とか、「お金を預けるなら、△△さんの勤めている銀行にしよう」などと、自然と彼らが働く会社にいいイメージを抱くようになりました。

自分の会社が好きな社員は、家族との食卓でも、飲み屋での会話でも、ＳＮＳでも、その態度をにじませます。その社員の周りには、家族がいて、友人がいて、その先には彼らの友人知人がいて、その中には将来のお客様になる人がいるかもしれないのです。一人ひとりの社員が自社の魅力や価値を語ることができる会社は、自然とブランドを構築しやすいと考えられます。

会社の強さは炎上したときに発揮される

現代は、悲しいほど透明化した時代です。誰でも情報発信ができ、簡単に人や情報とつながることができる時代です。ソーシャルメディアの登場によって、社員個人の影響力がかつてないほど大きく増すようになりました。とりつくろった嘘はすぐにバレて、表層だけを整えるブランディングにはほとんど意味がなくなってきました。

みなさんの会社の社員は、業務中はもちろんのこと、社会に暮らす生活者として、家庭やコミュニティなどさまざまな場所で活動をしています。仕事以外の活動の場でも、いろいろと会社の情報は伝わり、その社員のふるまいが会社のイメージや評判に大きく影響します。

たとえば父親が勤める会社は、家族みんながなんとなく良いイメージを持ちます。ですから選択肢がある場合はできるだけ家族が勤めている会社の商品やサービスを利用しようとするでしょう。友達が、自分の勤めている会社のことを楽しそうに話していると、自然と友達の会社の商品を好きになるといった経験は誰にでもあるはずです。

逆に、居酒屋で隣の席にいた酔っ払いが、大きな声で自分の会社の不満を言っていたり、駅で肩がぶつかって、ムッとした表情で睨んできたその人の社章が○○社だったという経験からは、人々はその会社のイメージをネガティブに評価していきます。社員の気持ちや行動は、自然と世の中に染み出していきます。

だからといって、「一人ひとりが会社の顔であるという自覚を持つように」「高い品格をもってきちんとした行動をとるように」とマニュアルで管理したり、いくら口で言ったとしても、それはなかなか浸透しません。それよりは、**社員が会社に誇りを持てる**ようにすることのほうが、何倍も重要です。自分の会社を好きだと思えるようになれば、自らの判断で自分の会社の評判を良くしていこうという力が働くからです。

一時期、従業員が不用意な発言や行動をすることによって、会社のイメージが著しく損なわれるケースが目立ちました。ホテルのレストランでプライバシーを暴くような投稿をSNSにしてしまったり、コンビニの冷蔵庫に入ったりと、いわゆる「バイトテロ」と呼ばれるような不祥事がいくつも起きました。

ところが、社員に愛されている会社は、普段から社員が責任ある行動をとっていることが多いため、そもそもそのようなことは起きにくいですし、たとえ起こったとしても社員が一丸となってサポートにまわるので、炎上が長引かないものです。

問題行動をなくすために、ガイドラインを作ることや社員研修をすることは大事です。けれども、そのような対症療法ではなく、根本的な解決に導くためには、社員の忠誠心や帰属意識を高めること、そして自社の目指す姿を社員間で共有することがより重要です。

そのためにも、ブランディングは大きな役割を果たします。

強い会社には口グセがある

会社の哲学やDNAは、社員の口グセになって表れます。

たとえば、サントリー創業者の鳥井信治郎は、「やってみなはれ」が口グセだったと言われています。未知の分野に挑戦しようとして周囲から反対を受けるたび、この言葉を発して決して諦めなかったそうです。

この口グセは、創業100年以上を経たいまでもなお生きていて、サントリー社員のDNAには、冒険者としてのチャレンジ精神が根付いているといわれます。

ホンダには、「ワイガヤ」という言葉があります。これは、ワイワイガヤガヤから発祥した言葉で、役職、年齢や性別を超えて自由に議論できるホンダの企業風土を表しています。

自由闊達なホンダの社風、オープンマインドな組織文化が、この言葉に顕著に表れています。

リクルートでは先輩や上司に何か質問をすると「お前はどうしたいの？」とつねに問われるそうです。これは、社員の自発性を大切にしている社風や、自分の意見を言わないことは悪とする文化からきた問いかけです。たとえ新入社員であっても自分の意見を主張することを求められるのでしょう。リクルートは起業家を次々輩出する企業として有名ですが、それも「お前はどうしたいの？」に象徴される当事者意識を醸成する精神が、そうさせるのだと考えられます。

ブランディングを進め、会社のあるべき姿を社内に浸透させていくと、このような「口グセ」が生まれていくことがあります。目指すべき方向が明確だと、自ずとその企業姿勢は、社員の口グセになって表れていくのです。

ブランディングで社員の心を一つにする

お客様との接触ポイントで最大のものは、商品やサービスではなく、現場の社員です。したがって、会社の魅力や価値を語れる人が社内に一人しかいないのでは意味がなく、たくさんの社員が口々に同じことを語れないといけません。そこに一貫性がないと、お客様のその会社に対する評価はズレていきます。

そう考えると、ブランディングで目指すべきことは、社員の心を一つにすることだとも言えます。

接客サービスなどは社員とお客様とのわかりやすい接触ポイントですが、それだけではありません。商品開発も、製造も、物流やアフターサービスも、広告制作も、または採用活動においても、すべての企業活動は社員が行っているので、その姿勢は、必ずにじみ出ていきます。ですから、すべての社員が自社のあるべき姿を共有し、自社の魅力を誰でも語れるようになることが大切なのです。

自分の会社がどんな価値を提供し、どんな未来を目指しているのかを、社員一人ひとりが明確に発信でき、そしてそのメッセージがお客様にとって共感しやすいものであればあるほど、その会社は支持されるようになります。

したがって、社員が納得し、共感できるような「会社のあるべき姿」を明確に規定し、バラバラになりがちな社員の気持ちやふるまいを一つにまとめ、企業活動に一貫性を持たせることが重要になってくるのです。

かつてない量の情報があふれるこの時代では、広告のような一方的な伝達手段は、昔のような力を持ちません。1万人に向けて発信したメッセージは、下手をすると誰一人にも届かないものになってしまいます。

情報洪水の激しい現代では、1万人に情報を届けたいと思ったら、**100人のファンがそれぞれ100人に伝えてくれるルート**を持つことが重要です。大切にすべきファンに共感してもらい、その人たちを通して、人と人との接触ポイントでブランドを形成していくのです。

そして、ここでいう「ファン」とは、お客様や取引先だけではなく、社員を含みます。というよりも、社員こそが、お客様以上に熱烈な会社のファンであるべきです。

社員の会社へのロイヤルティは、あらゆる行動のはしばしに現れ、周りの人たちに伝播していきます。自社の魅力を語れる社員、そして体現できる社員が、会社の評判を作るのです。

社員の向かうべき目標が一つになれば、その会社のブランドは自ずと統一感が生まれます。そして何よりも、「あるべき姿」が明確な会社では、社員に一貫した行動基準が生まれます。どんな人が対応しても、その会社「らしさ」を感じることができます。「あるべき姿」に社員が共感していれば、社員は最も忠実な会社のファンとして、自ら率先して「あるべき姿」を実践しようとします。

どんな接触ポイントでも感じられるその会社の一貫した「らしさ」や、どの社員と接しても感じられる一貫した行動や言動は、人々に一貫したイメージを抱かせます。一貫したイメージを提供できる会社は、強いブランドを作ることができます。そして、強いブランドを作ることができれば、人々から選ばれやすくなります。

お客様に選ばれ続ける会社であるために、そして時代を超えて生き残る会社になるためには、まず社員が会社の魅力を語れること。そのためには、社員と共に考え、共に創りだすブランディングが必要になってきます。

第４章　自社の魅力をどこから見つけますか？

自社の魅力や独自の価値を聞かれても、多くの人は、意外と言葉で語れないものです。

けれども、魅力や価値は、必ずその会社の中にあります。

私が行っているブランドコンサルティングという仕事では、まず、その会社の人たちが自分たちの会社をどう思っているのか、将来この会社をどんな会社にしたいのか、そしてこの会社にはどんな可能性が眠っているのかを丁寧に引き出して、編集する作業からスタートします。

この章からは、私がこれまで手がけてきたブランディング・プロジェクトの実務経験をベースに、実践的なブランディングの方法についてお伝えしたいと思います。

答えは会社の中にある

ブランディングを依頼され「会社のあるべき姿」をカタチにしていくときに、私が最も大事にしているのは、「答えはその会社の中にある」ということです。

たとえば新しい社名をつける、ロゴを作る、キャッチコピーを作るといっても、それは有名なコピーライターがかっこいい言葉を並べ、巨匠デザイナーがクールなロゴを作ればいいというものではありません。こちらから一方的に押し付ける「価値付け」には、何の意味もないからです。

ブランディングは、ただ打ち上げ花火のように発表するのではなく、それを社内外に理解させ、共感させられなければ、意味がありません。社員自身が自分たちの会社の価値を見出し、その上で、納得できるプロセスを経て決まったロゴやスローガンであることが重要です。そして、なぜそれに決まったかを説明できるロジックを、社員と共有していることが大切なのです。

ですから、ブランディングを進めるときにはとにかく、社員を巻き込んでいくべきだと考えます。これは、外部コンサルタントやクリエイターを雇ってブランディングを進めるときにも同じことが言えます。社員を巻き込めないブランディングは、その後、必ず形骸化します。

ハイセンスなことより納得感。
クリエイティブ力よりもプロセス。
あらゆる人に説明できる説得力。
曖昧な「想い」を言語化するロジック。

言い換えれば、私の仕事は一方的にアイデアやクリエイティブを提供するのではなく、ブランディングを進めていくうえでのプロセスやロジックを提供する仕事といってもいいかもしれません。

実際にブランドコンサルタントに求められるのは、クリエイターとしてのスキル以上に、プロジェクトの設計や、プロジェクトマネジメントのスキルであることが多いのです。

東京オリンピックのエンブレムは何が問題だったのか

会社の例ではありませんが、作り直しになってしまった2020年東京オリンピックのエンブレムも、やはりブランディングに最も大切なプロセスとロジックを欠いたために、あのような騒動になったのだと私は考えています。

「2020年のオリンピックを日本はどのような想いで開催するのか」「その想いを実現するためには、どんなエンブレムが適切なのか」「そのためには誰に依頼するのが適任なのか」というプロセスを「見える化」しなかったことが、問題を大きくした一番の原因ではないかと思います。

知らないところでデザイナーが決まり、知らないところでデザインが決まっていた。そもそもどのような想いを込めるべきか、ということも国民に伝わっていなかった。そのような状況だったから、多くの不満がつのり、最終的には個人攻撃に至ってしまったのではないでしょうか。

実際にブランディングを始めるときも、このような不満が出ないように、クライアントには、さまざまな部門の代表者を集めたプロジェクトチームを立ち上げてもらいます。そのチームメンバーを通して、ブランディングのプロセスを随時社内に伝えてもらうのです。

プロジェクトチームは、経営企画や広報といった部署のメンバーだけではなく、人事や経理、営業や生産管理、企画開発……など、その会社の各部門から、今後ブランディングを進めるにあたってリーダーとなってくれそうなメンバーを集めます。

彼らには、「会社のあるべき姿をカタチにする（BRAND）」の後の、「社内外への浸透（ING）」でも、率先してリーダーになってもらわなくてはなりません。ですから、「社内の部門長などエラい人ではなく、若手から中堅で、現場の事情に明るく、会社の将来を担ってくれそうなリーダーたる人。それでいてそれぞれの部署に戻ったときに、周囲から信頼され慕われているような人を選んでください」とお願いしています。

プロジェクトメンバーには、その後、ブランドの伝道師として、社内にあるべき姿を伝えていく役割を担ってもらいます。ですから、周囲から信頼され、職場の雰囲気を盛り上げられるような、今後会社を牽引していくパワーのある明るく元気なメンバーでプロジェクトチームを形成してもらうのです。

過去からの想いを集める

プロジェクトチームが結成できたら、最初にすることは、まずその会社の過去のメッセージを集めることです。過去を振り返り、自らを知ることからスタートします。

この作業は、人に喩えて考えてみるとわかりやすいかもしれません。ある人が何かの節目に「新しい自分になろう」と思い立ったとします。そのとき、内気なのか人前に出ることが好きなのか、どんな勉強をしてきたのか、資格をもっているのか、どんなことをやっていきたいのかなど、いろいろな側面から考えてみることでしょう。良いことも悪いことも洗いざらい振り返ることで、自分というものが見えてきます。自分を知ることなしには、新しい未来も見えてこないのです。就職活動のときにする「自己分析」や「自分探し」に似ているかもしれません。

会社の場合は、社是や理念、事業戦略、市場での位置付け、お客様や取引先との関係、会社の風土などさまざまな振り返るべき要素があります。会社のＤＮＡは、自らの歴史の中に埋まっています。歴史は財産なのです。

たとえば創業者がどのような理想や理念を持って会社を設立したのかは、意外と伝わっていないことが多く、自社の歴史を知らない社員もたくさんいます。

歴史の長い会社ほど、創業の時代を知る人も少ないものです。ホームページには、たしかに社史や沿革の情報が書かれていますが、それは一部の表面的なことです。

社風や会社のイメージなどはなおさら、どのような歴史をたどっていまに至ったのか、語れる社員はほとんどいないでしょう。

第3章で紹介した「やってみなはれ」ではありませんが、「うちの社風は、初代社長の口グセから生まれていたんだ」とか、「この言葉はよく聞くけれど、こっちの言葉はほとんど聞かなくなった」などと、はじめて認識することだらけです。それくらい、この過去の振り返りは、新しい気づきに満ちたものになります。

私たちは、社史・年史を紐解いて、創業時代まで遡り、その会社が大事にしていた「想い」をひろっていきます。

具体的には、事業領域の変化や主力商品の変遷、現在まで伝承されてきていること、なくなってしまったこと、語り継がれる伝説などを抽出すると、その会社の歴史が浮かび上がってきます。

化粧品や健康食品で知られるＤＨＣの社名は「大学（Ｄ）翻訳（Ｈ）センター（Ｃ）」の略で、大学の研究室を相手に洋書の委託翻訳業を行ったことから事業が始まったそうです。任天堂は花札の製造からスタートしてゲーム業界を牽引する企業になりました。自動車のマツダはもともとコルクを生産する「東洋コルク工業」として創業した会社です。

このように事業内容が大きく変わった会社でも、そこには変わらず継承されてきたＤＮＡが必ずあります。そのＤＮＡを探すために歴史を振り返るのです。

紐解くのは社史だけではありません。

それまでその会社が発信してきた過去のビジョンやスローガン、企業広告や会社案内、カタログのキャッチコピーなども可能な限り集めます。それらを検証することで「自分たちの会社を、他者にどう紹介してきたか」が明らかになります。

特に、

「〜を目指します」

「〜したい」

「〜を追求し続けます」

「〜に挑戦します」

などの言葉で語られた会社のメッセージには、こういう会社でありたいという「想い」がぎゅっとつまっています。

さらには、言葉だけではなく、いままでの名刺や封筒、制服や広告などを集めて、そこで主に使われている色や書体、デザイン要素なども確認します。そうすることによって、その会社がこれまで獲得しようとしてきたイメージや雰囲気がわかってくるのです。

10年後にどんな会社になりたいか

また、過去からキーワードを集めるのと同時に、現在の経営者へインタビューし、経営者自身が考える将来の会社像を確認します。具体的には、5年後、10年後に、どんな会社にしていきたいか、目指すべき会社の理想像についてじっくりと聞いていくのです。

創業社長がまだ頑張っているような会社では、ビジョンも明確で、創業者の意志も経営幹部だけではなく社員に浸透していることが多いのですが、歴史が古く経営陣（取締役など）が多い会社ほど、目指すべき将来像が曖昧になっていることがよくあります。

将来像は、誰にでも言えるような一般的な言葉では意味がありません。「品質第一」「顧客満足」「社会貢献」などのどこにでもありそうな言葉で想いを語ったとしても、その言葉には重みがないからです。

たとえば、ある経営者が「うちは創業時から守られている社訓があって、それが品質第一主義です。それをいつも大切にしています」と言ったとします。

それはもちろん、おっしゃる通りなのでしょうが、果たして「品質第一」という言葉だけで、これからもずっと社員やお客様を共感させ、惹きつけることができるでしょうか。

大事なのは、もっと生々しい「自分の言葉」で語ってもらうことです。

ですから、この経営者インタビューでは、何度も質問を繰り返します。自社の強みや、競合他社とのちがい、今後強化したいことや、どのような理由で自分たちはお客様や社会に選ばれたいのか、どんなイメージを獲得したいかといった、理想の会社像を聞くだけでなく、経営者の個人的な夢や目標、仕事観や人生観なども聞いていきます。

ここで経営者からあがってくるキーワードはとても重要です。

その言葉一つひとつが、会社のこれからのブランディングの指針となります。

社員の想いを集める

経営者だけではなく、社員の会社への想いも集めます。

ここでは、社員が認識している「自社の強み」や「弱み」、そして今後の「理想像」も一緒に確認していきます。

第1章でお話ししたライオンとウサギの例ではありませんが、経営者が考える理想像と、現場の社員や新入社員が考える会社の理想像には、良くも悪くもズレがあります。

そのギャップは、会社の強みを考えるうえで大きなヒントになります。

たとえば、新入社員がこの会社を選んだ理由には、経営者には見えていない会社の魅力が映っていることがあります。中堅社員の不満には、今後改善すべき会社の課題が見えていることもあります。

社員の想いを集めるために、代表社員にインタビューをしていくこともありますが、よく行うのは全社員へのアンケート調査です。会社によってアンケート内容が異なることはありますが、たとえば以下のようなことを聞きます。

・自社の強みや特徴、お客様が自分たちを選ぶ理由
・自社の弱みや課題
・理想の会社イメージ（お客様からどう思われたいか）
・職場の雰囲気や従業員のタイプ
・会社の満足度
・会社に対する好意度、帰属意識、社員でいることとの誇り
・自社や自社商品を、家族や友人知人に勧めたいか
・会社に対する不満点、今後期待することや要望

よく、「アンケートで社員の本音を引き出せるものですか？」と、質問されるのですが、個人を特定するものでなければ、みなさん驚くほど丁寧に答えてくれます。「自分の会社を良くしたい」という気持ちは誰しも同じなので、熱心に書き込んでくれるのです。

アンケート調査は、社員をブランディング・プロジェクトに巻き込んでいく良いきっかけになります。アンケート調査を実施するだけでなく、その結果やそれがどのように活用され

ていくかをきちんとフィードバックすることで、社員が一丸となってブランディングを進めていく空気を作り出すことができるのです。

お客様に選ばれる理由こそ会社の最大の魅力

さらに、社内だけではなく、取引先やお客様の声も集めます。

一般消費財を扱う会社の場合、お客様は生活者全般になりますので大規模なアンケート調査になりますが、法人客相手の会社の場合は、営業の方に関係各所にヒアリングしてもらいます。

これもやはり「ヒアリングで本音を引き出せるのですか？」と聞かれるのですが、意外と赤裸々な回答をくれることがほとんどです。

特に長いお付き合いのお客様や取引先は、強みも弱みもはっきり言ってくれたり、競合他社と比べたときの長所短所も明確に伝えてくれたりすることが多いのです。

実際にヒアリングするとわかるのですが、現場の社員が考えている「自分たちの強み」と、長い付き合いのお客様が考えている「その会社を選ぶ理由」にズレはあまりありません。

たとえば、営業担当の社員が「うちの強みは顧客のリクエストに必ずこたえることと、どんなことも最後までやりぬくこと。ライバル社は、そこまで面倒見がよくない」と思っていた場合、お客様も同じように思っていることがほとんどです。

そして、実際にそのお客様にライバル会社について聞くと「あの会社は提案書や制作物のクオリティは高いんだけれど、おたくより値段が高くて費用以外の仕事は全然してくれないんだよね」などと言ったりします。

長い付き合いのお客様や取引先は、その会社をずっと選び続けているということです。ですから、現場の社員とお客様の評価にギャップがないのは当然かもしれません。その選んでくれる理由が、その会社の最大の魅力なのです。

一方で、**現場（社員・取引先・お客様）と経営層の意識のズレはよくあります。**そのズレがどのようにして生まれたのかを確認し、会社のあるべき姿をカタチにするときに役立てていくことも、ブランディングの大事なプロセスの一つです。

また、お客様や取引先だけではなく、世間からの評判は？　株主の評価は？　学生からの人気は？　など会社を取り巻くさまざまな関係者（ステークホルダー）の意見も集めていきます。

あらゆる関係者の立場にたって、自分たちの会社が評価されている項目をあげていくことで、そこに自分たちですら知らない会社の魅力がないか、丁寧に探し出すのです。

理想と現実のギャップにヒントがある

経営者、現場の社員、新入社員、取引先、そしてお客様などが感じている言葉を集めていくと、大量のキーワードが集まってきます。

「お客様第一」「いいものを安く」「安全安心」「革新的な技術」といった言葉だけでなく、「保守的」「知名度が低い」「ダサい」といったどちらかというとマイナスのイメージだけれど正直な言葉も混じっているかもしれません。こうして浮かび上がった言葉一つひとつが持つ意味合いを真剣に考え直してみることが、自社のあるべき姿を探っていく第一歩になります。

そして、次のプロセスは、これらのキーワードを、分類することです。

一つは、いままでもあって、これからも継承していくべきキーワード。

二つめは、いまはあるけれど、今後はなくしたいキーワード。

そして最後は、いまはないかもしれないけれども、今後獲得していきたいキーワード。


この三つに分けて大きく整理をしていくと、会社の今後のあるべき姿が見えてきます。

たとえば私が担当させていただいたある企業では、継承すべきキーワードは「誠実さ」「実直さ」「探究心」、なくしていきたいキーワードは「受け身体質」「対応の遅さ」、そして今後獲得していきたいキーワードには「チャレンジ精神」「チームワーク」「柔軟な発想力」などがあがりました。


会社のあるべき姿を検討するとき、継承すべきキーワードと、新しく獲得したいキーワードの割合は、会社によっても変わりますが、たいてい50パーセント、50パーセントくらいの割合で着地するケースが多いようです。

もし、継承すべきことが20～30パーセント程度で、新しく獲得すべきことが70～80パーセントもあるようでしたら、それはもう「リ・ブランディング」という領域で、会社のブランドをがらっと大きく変える必要があります。

その場合は、ロゴだけでなく、場合によっては会社の名前を変えるところから着手してもいいレベルです。

もし、逆に継承すべきことがほとんどで、新たに付加するべきものが20パーセント程度なのだとしたら、その会社は理想と現実の間にほとんどギャップがないということになります。

このような場合は、「あるべき姿」をわかりやすく規定するだけで十分かもしれません。こういった会社が今後積極的に取り組むべきなのは、「ＢＲＡＮＤ」と「ＩＮＧ」でいうと、「ＩＮＧ」の部分になります。すでに、会社のあるべき姿がある程度わかっているので、それをより明確にして、わかりやすく伝えていくことを優先します。

ですが、このようなケースはごくまれで、たいていの会社の場合、理想と現実の間にはギャップがあります。そのギャップを埋めるために、これからどんなプラス要素を提供できる会社になっていくべきか、またはどんなマイナス要素を捨てるべきかを考えていくことになります。

ワークショップで共創する

これらの「想い」のキーワードが集まった時点で、部門を超えた社員の代表者を集めてワークショップを行います。

これは、ブランディングを実施していく中で、とても大事なプロセスです。一方的に私のような第三者が「こういうブランドを目指しましょう」とか「あなたの会社はこうすべきですよ」などと提案するのではなく、当事者であるその会社の社員が自ら手を動かしたり、頭を動かしたり、口を動かしたりといった体験をしながら、グループの相互作用の中で自社の価値を考えていくことが重要になります。

ワークショップは、

①共有
②発散
③収束
④規定

という四つのステップを繰り返していきます。

共有のフェーズでは、自分たちの会社の歴史から、強みや特徴、弱みや課題などを、参加者がしっかりと知り、共通認識を持つようにします。

そして、発散では、将来どのような強みを打ち出したいか、どんなイメージを獲得したいのか、どんな会社になりたいのか、など自由に広く考えを出し合います。「未来はこんな世の中になっているはずだから、うちの会社はこう変わっていきたいよね」といった、自由なアイデアをたくさん出していくのです。

それができたら、それらのアイデアを整理、体系化して収束させ、最後に言葉として規定していきます（収束と規定の具体的なやり方は後の章で詳しくお話しします）。

ほとんどの場合、複数のグループでディスカッションをするのですが、**それぞれのグループで規定した考えが、会社の「あるべき姿」の試案**になります。全部のグループがほとんど同じことを考えているときもありますし、全然ちがう方向性を打ち出してくることもあります。

このワークショップで社員自身から出てきた言葉は、その後のブランディングを進めるにあたっても大切なキーワードになります。自分たちが考えて作り上げた言葉なので、納得しやすいし、その後、社内に浸透もしていきやすいからです。

ワークショップ実施風景

プロジェクトによって異なりますが、多くの場合、4〜5セッションに分けてワークショップを実施します。

①自分たちの現状を知り共有するセッション
②未来に向けた自分たちの提供価値を考えるセッション
③自分たちの印象やイメージを考えるセッション
④それらをまとめてあるべき姿を言葉にするセッション

だいたい、1回のセッションで4〜5時間くらいの時間を使います。会社によっては、合宿をして全セッションを一気にやってしまう場合もあります。

私たちは、ファシリテーターとしてワークショップをリードしていきますが、グループ内の進行は基本的に参加メンバーにまかせます。あくまで、社員が当事者意識を持って、主体的に議論する場を作り出すことを重視するのです。

【図表7】ビジュアルカードを使用した「らしさ規定」の例

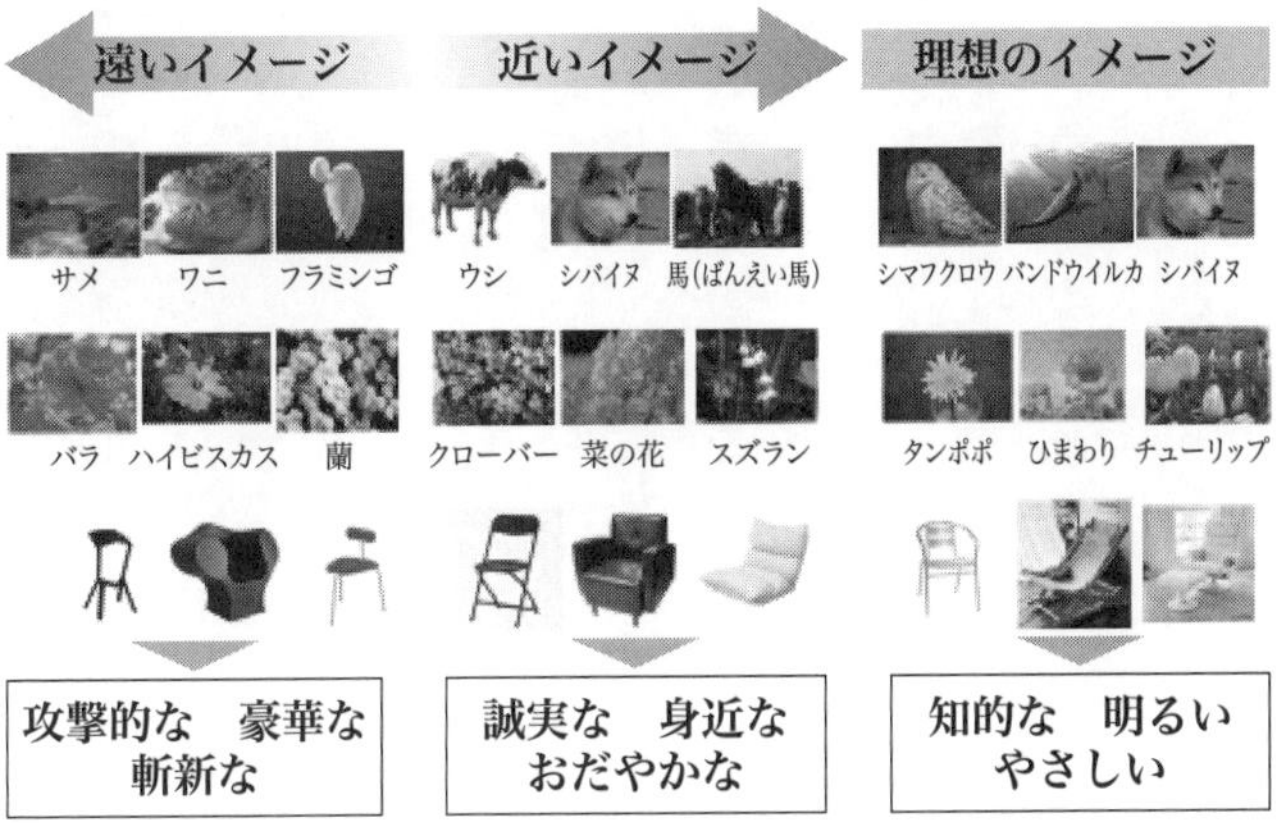

写真のイメージを言語化する

前にもお話ししましたが、一連のワークショップでも特に盛り上がるのが、ビジュアルカードを使った「らしさ規定」です。動物や椅子、花などの写真（カード）を並べ、自社のイメージに近い写真、自社のイメージから遠い写真、理想のイメージに近い写真を選んでもらうワークです（図表7）。

面白いことに、100枚以上の写真から選ぶのにもかかわらず、多くの人が共通して「コレ」と指す写真があったりします。それだけ、みなさん潜在意識の中で、自分の会社に対して共通のイメージを持っているということでもあります。

写真を選んでもらったあとに、その写真から受けるイメージを、言語化してもらいます。

たとえば、動物でウサギ、ネコ、リスを選んだグループからは、「愛される」「やさしい」「控えめ」「受け身」などのキーワードがあがってきます。チーターやライオン、トラなどを選んだグループからは、「力強い」「たくましい」「激しい」などのキーワードがあがってきます。

最初から「あなたの会社のイメージを言葉にしてください」と伝えるよりも、感覚的に写真を選んでもらってから言語化することで、より潜在的な意識下の会社へのイメージが浮き彫りになります。

「あるべき姿をカタチにする」ときは、最終的にその想いや考えを言葉に置き換えなくてはいけませんので、ここで自分たちの会社にフィットする言葉を社員自身が探すプロセスはとても重要になってきます。

次からの章では、これらの言葉をよりどころに、あるべき姿を規定する「ブランドコンセプト作り」を考えていきます。

第5章　自社の「あるべき姿」は明確ですか？

スターバックスとドトール。

トヨタとＢＭＷ。

マクドナルドとモスバーガー。

これらはどれも、同じ業種のライバル企業ですが、たとえばスターバックスとドトールでは、名前を聞いてぱっと連想するイメージはかなりちがうはずです。

そして、ブランドが強い会社ほど、この「ぱっと連想するイメージ」に一貫性があります。

その会社の名前を聞いたときに、人によってバラバラなことを感じるのではなく、共通したイメージを持つことができる。しかもそれが評価され、支持されているとき、強いブランドであると言えます。

この「名前を聞いてぱっと連想するイメージ」を、受け手のお客様ではなく、送り手である会社側で規定することがブランドを作る第一歩です。この章では、会社のあるべき姿を定義する方法をご紹介いたします。

三つのカテゴリーでブランドを定義する

あるべき姿を規定する（ブランドコンセプトを作る）ときには、三つのカテゴリーで考えます。


一つめは、どんな人たちに愛されたいか（理想のお客様像）。

二つめは、どんな価値を提供できるか（提供価値）。

三つめは、どんな「らしさ／イメージ」を感じさせたいか（ブランドパーソナリティ）。


これらを体系的に定義することで、ブランドの「あるべき姿」が明確になっていきます。

図表8を見てください。

まずは、どんな人に愛されたいのか、一番のファンになってほしいのはどんな人かを考えます。

そして、その人たちに対して会社が提供できる価値を整理します。ファンになってほしい人たちに対して、自分たちはどのような価値や利益を提供できるのかを規定するのです。こ

【図表8】ブランドコンセプトの基本構造

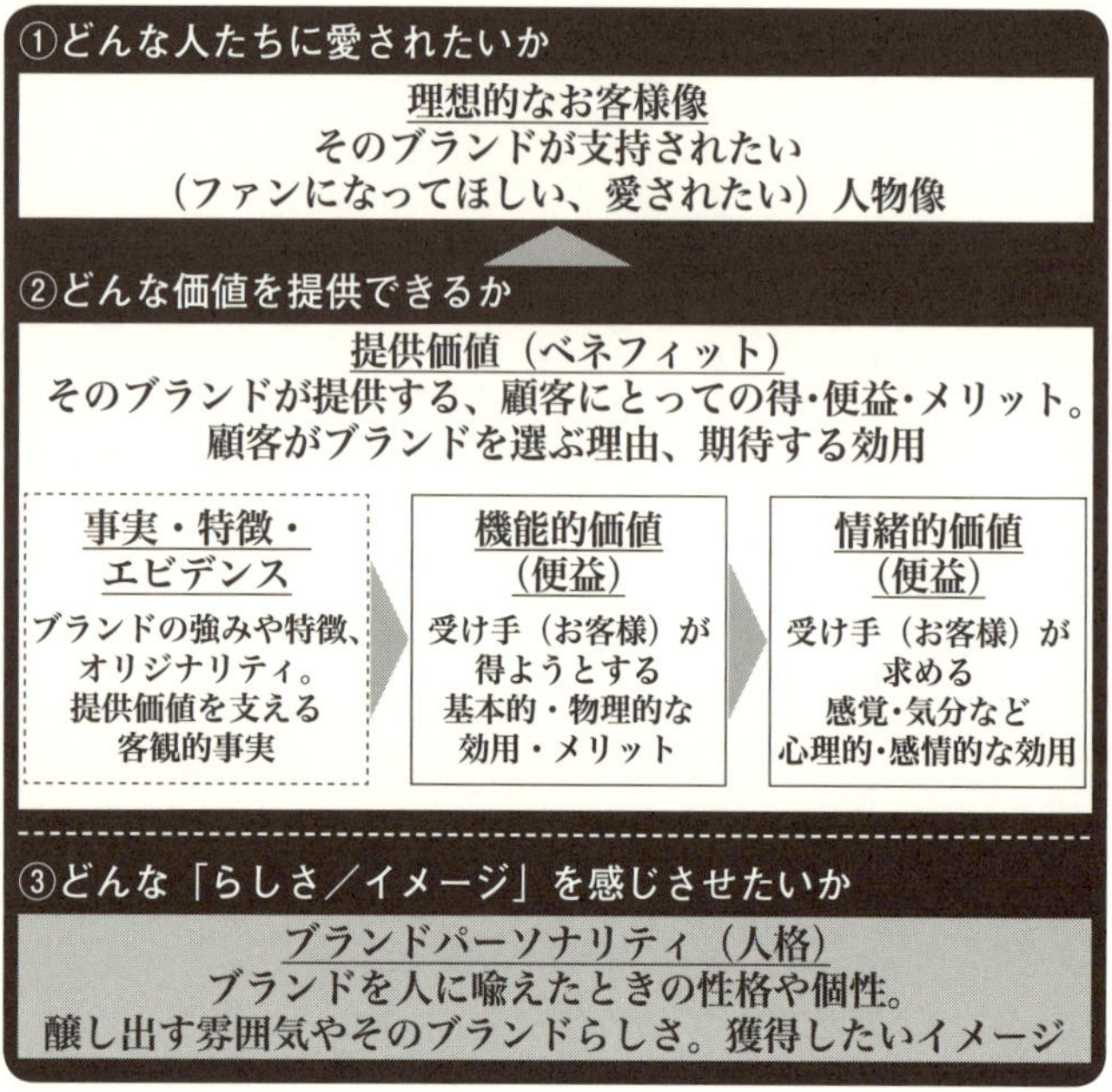
①どんな人たちに愛されたいか
理想的なお客様像
そのブランドが支持されたい
（ファンになってほしい、愛されたい）人物像
②どんな価値を提供できるか
提供価値（ベネフィット）
そのブランドが提供する、顧客にとっての得・便益・メリット。
顧客がブランドを選ぶ理由、期待する効用
事実・特徴・エビデンス
ブランドの強みや特徴、オリジナリティ。提供価値を支える客観的事実
機能的価値（便益）
受け手（お客様）が得ようとする基本的・物理的な効用・メリット
情緒的価値（便益）
受け手（お客様）が求める感覚・気分など心理的・感情的な効用
③どんな「らしさ／イメージ」を感じさせたいか
ブランドパーソナリティ（人格）
ブランドを人に喩えたときの性格や個性。
醸し出す雰囲気やそのブランドらしさ。獲得したいイメージ

れはあとで詳しく説明しますが、送り手側が考える直接的な商品やサービスではなく、受け手にとってどんな価値があるのかを考える必要があります。

さらに、その会社らしさとはどんなものかという「ブランドパーソナリティ」を設定します。ブランドパーソナリティとは、「会社の人格」のようなものです。会社を人に喩えたとき、そこから感じられる雰囲気や世界観、イメージにあたります。これが最後

の項目です。

たとえば、スターバックスとドトールコーヒー、トヨタ自動車とＢＭＷを例にとって考えてみましょう。各社のホームページや、オフィシャルリリースなどから読み解けるブランドコンセプトを、私なりに解析してみました（図表9）。

コーヒーを提供するショップでも、スターバックスと、ドトールコーヒーでは、理想のお客様像、提供価値、ブランドパーソナリティ、すべてにちがいがあることがわかります。同じ自動車メーカーのトヨタ自動車とＢＭＷも同様です。

そして、このブランドコンセプトがはっきりしていればしているほど、お客様側の頭の中でも具体的なイメージが連想されやすくなるのです。

それでは、この、理想のお客様像、提供価値、ブランドパーソナリティを考えていく方法を、ここから、順を追ってお伝えしましょう。

ファンになってほしい人は誰？

まずは、理想のお客様像を設定します。これは、一番のファンになってほしい人をプロフ

【図表9】ブランドコンセプトの基本構造（参考例）

ブランド		スターバックス	ドトールコーヒー
顧客像	理想的なお客様像	職場でもなく、自宅でもない第三の場所として、上質な生活空間を求めている人	普段の生活で、気軽に一杯のコーヒーを飲み、やすらぎや活力を得たいと考える人
提供価値	情緒的価値（便益）	・居心地よく、やすらげる ・一日のなかの、ささやかな喜び	・気楽に使える ・便利で安心感がある
	機能的価値（便益）	・おいしいコーヒーが飲める ・快適でゆっくり、くつろげる（おしゃれな雰囲気の中、長時間過ごせる）	・比較的低価格で、気軽に使える ・商品提供が早い ・コーヒーだけでなくお腹も満たせる ・喫煙できる
	事実・特徴・エビデンス	・良質でおいしいコーヒー ・くつろげる空間（内装、ソファ、BGM） ・スタッフのクオリティ（バリスタ、ミッションの共有）	・手頃な価格 ・高品質なコーヒー ・豊富なフードメニュー
らしさ	ブランドパーソナリティ	・都会的な ・洗練された ・センスの良い	・シンプルな ・庶民的な ・親しみのある

ブランド		トヨタ自動車	BMW
顧客像	理想的なお客様像	堅実で毎日の暮らしを大切にし、実用車として、高品質の安全な自動車を求めている人	都会的でインテリジェンスに富み、自動車を軽快に走らせること（ドライブ）に喜びを感じる人
提供価値	情緒的価値（便益）	・安心感 ・信頼感	・ドライブする喜び ・高揚感 ・かっこいい
	機能的価値（便益）	・乗り心地が良い ・故障が少ない ・安全 ・燃費が良い ・手頃な価格感	・抜群のハンドリング ・素晴らしい走行感覚 ・センスの良さ
	事実・特徴・エビデンス	・高い技術力 ・卓越した品質 ・ハイブリッドカー	・卓越した運動性能 ・高級乗用車 ・シャープでスポーティなデザイン
らしさ	ブランドパーソナリティ	・堅実な ・真面目な ・誠実な	・若々しく現代的な ・軽快でスポーティな ・洗練された、センスの良い

アイリングする作業だと思ってください。自分たちの会社は、どんな人たちに愛されたいかを考えていきます。

・その人は、どんな人ですか？
・男性ですか？　女性ですか？
・年齢は何歳ですか？
・家族はいますか？
・どんな場所に住んでいますか？
・どんな仕事をしていますか？
・どんな服を着ていますか？
・どんな性格ですか？
・よく見るテレビ番組や好きな雑誌は何ですか？
・好きなスポーツは何ですか？
・休日はどんなことをしていますか？
・最近の悩みは何ですか？

・ライフスタイルにおいて大事にしていることは何ですか？
・普段、どんなときに幸せを感じますか？

こうしたことを一つひとつ考えながら、自分たちの会社にとって理想のお客様像を作り上げていくのです。場合によっては、名前をつけることもあります。

顔や背格好が目に浮かぶくらい、具体的な人物像が立ち上がってくるまで、この掘り下げをしていきます。

場合によっては、理想のお客様像になりそうな人たちにグループインタビューをして、「普段はどんな生活をしていますか？」と取材することもあります。

理想のお客様像とターゲットはちがう

この作業は、プロジェクトチームと一緒に進めるのですが、最初はみなさんから必ず、「理想のお客様像を一人に絞ることはできない」と言われます。

たとえば、牛乳や乳製品を扱うよつ葉乳業のブランディング・プロジェクトの際、最初はやはり「うちの主力商品の牛乳は、小学生からおばあちゃんまで、幅広い年代に愛されたい」「スーパーで買い物するのは女性だけれど、男性だって大事な顧客です」というコメントをいただきました。

これは、どの会社でも出る意見で、もちろんその通りです。

しかし、ブランディングで考えるべき「理想のお客様像」は、マーケティングにおける「ターゲット」とはちがいます。あくまで考えるべきは、いま実際に買っていただいている「現在のお客様」ではなく、ブランドの価値に最も共鳴してもらえる「理想のお客様像」なのです。

例をあげましょう。

いま、日本のルイ・ヴィトンでブランド品を爆買いしているお客様の多くは、中国人の富裕層です。しかし、ルイ・ヴィトンというブランドは、いま一番お金を落としてくれている人たちに向けてのものではないはずです。

ルイ・ヴィトンのようなラグジュアリーブランドの「理想のお客様像」は、強い個性や主張を持ったファッショナブルな富裕層の個人であり、そういったお客様に向かって商品をデザインし、広告宣伝をしています。その一方で、実際に購入しているのは、そういったお客様像のライフスタイルや価値観に憧れを抱く人々なのです。

もし、時代ごとにその都度、一番買ってくれそうなお客様に向けたブランドを設定してしまうと、そのブランドのイメージがブレやすくなりますし、最終的にはブランド力の低下を招きます。

もし、質が良くファッショナブルで高級な製品を作る会社というイメージが崩れてしまった場合、古くからのファンはもちろんのこと、そのイメージを求めて買い物をしているいまのお客様のマーケット自体も縮小してしまうかもしれません。

私が、実際に商品を買ってくれる人＝ターゲットと、ブランディングで規定すべき理想のお客様像がちがうと言う意味がおわかりいただけますでしょうか。

理想のお客様像を考えることは、決してターゲットを狭めるわけではありません。

そして、一度顔が思い浮かぶくらい具体化した理想のお客様像は、最終的にはもう一度抽象化していきます。

理想のお客様像を抽象化する

先ほどのよつ葉乳業の例では、ワークショップを実施した際に、一つのグループから理想のお客様像としてこのようなキーワードがあがってきました。

- 30代女性、既婚、夫と子どもが2人（5歳と9歳）
- 地方出身だが、現在は都内のマンションに住んでいる
- 休日はショッピングセンターに家族で出かける
- 趣味はお菓子作り
- 性格は明るく活発だとよく言われる
- よく見るテレビ番組は情報系番組
- よく見る雑誌は「クロワッサン」
- 憧れのタレントは江角マキコ
- 最近の悩みはダンナの収入が増えないことと子どもの教育
- 体型も気になりウォーキングを始めた
- 高級な食材は買わないが、食にはいつも気を遣っている
- 家族がそろう、のんびりとした食卓に幸せを感じる

どうでしょうか。「子どもからおばあちゃんまで」「男性も女性も」といった漠然としたお客様像ではなく、実際に生活をしていそうな女性の姿が立ち上がってきたのではないでしょうか。

そして、このようなプロファイリングができたところではじめて、そのお客様像を抽象化していきます。このような生活をしている女性は、どんな人と言えるのか、一般的な言葉に置き換えていくのです。

この場合は、二つのグループに分かれて考えてもらったのですが、双方から「家族の健康を願っている人という感じがするよね」「ちょっとしたこだわりを持って食材を選んでいる人っぽい」「しっかり主婦をやっていそう」などの意見が出ました。

それらの意見を集約して、最終的には、「毎日の食生活を大切に考え、家族の健康や幸せを願っている元気で明るい人」とお客様像を定義し、言語化しました。

この言葉だけ聞くと、「ずいぶん一般的だな」と思われるかもしれません。しかし、この言葉を選ぶ前に、自分たちを支持してほしいお客様はどんな場所に住んでいるのか？　どんな服を着ているのか？　どんな性格なのか？　などをつきつめて考えているので、社員の頭の中には、顔の見える、解像度の高い人物像が立ち上がっています。

この理想のお客様像をもとに、自分たちの会社が提供すべき価値を考えていきます。

世の中で支持されているブランドは、この理想のお客様像が明確でわかりやすいものです。理想のお客様像がイメージしやすければしやすいほど、その相手にしっかりフォーカスして、具体的に提供できる価値を明確にし、何に注力すべきかを見極められるメリットがあります。

複数の事業をしている大企業の場合

とはいえ、総合商社や鉄道会社グループなど多数の事業を行っている大企業や、ＢｔｏＢ企業のように対象となるお客様が企業だったりする場合は、会社全体として理想のお客様像を絞り込んでプロファイリングするのが難しいかもしれません。

この場合は、三つのやり方があります。

一つめは、それぞれのお客様に共通する価値観を規定する方法です。たとえばＢｔｏＢの会社であれば、自分たちの取引先の共通点はどんなところだろうと考えます。先ほどのプロファイリングに比べると「しっかりとした誠実な会社」とか「いつも革新を起こそうとチャレンジしている会社」など、抽象的になる場合もあるのですが、それでも共通点が見出せそうな場合は、共通点をあげて定義します。

二つめは、社会全体がお客様であると考える場合です。お客様像を「社会」と広く捉え、日本、世界、地球など、社会に対してどんな価値を提供していく会社になるべきか。どんな社会的課題を解決できる会社を目指すべきなのかと考えていくのです。「地球の環境を守る」とか「世界に革新をもたらす」といった提供価値の規定につながっていきます。

三つめとして、理想のお客様像を決めない場合もあります。この場合は、お客様像はいったん横においておき、次で説明する自分たちの会社の提供価値を定義するところからスタートします。そして、Aタイプのお客様に対してはこの部分の価値を主に提供する。Bタイプのお客様に対してはこの部分の価値をアピールするなど、お客様のタイプごとに強く訴求するポイントを変えていくなどという方法があります。

強みをお客様の価値に変換する

理想のお客様像が見えてきたら、それに対して、自分たちの会社が提供できる価値を考えていきます。

ここで一つ、重要なことがあります。自分の会社が持っている強みや特徴を、受け手であるお客様が求める価値へと変換することです。

たとえば、自動車会社が「自分たちの提供価値は、独自の技術や高性能のエンジンだ」と言ったとしましょう。しかし、それは提供者側から見た強みや特徴であって、受け手目線に変換されていません。

そうではなく、その強みや特徴によって、お客様はどんな便益を得たいと考えているのか、どんな喜びを享受したいと思っているのか、これを考えることが受け手目線への変換です。

この場合、独自の技術や高性能なエンジンがあることによって、お客様側が「軽快な走りでわくわくできる」ことを求めているのであれば、それが受け手目線の「価値」になります。

レストランで言えば、「きちんとした接客と高級食材を使った美味しい料理」を提供できることが、レストラン側が考える強みです。これを受け手目線に変換すると「誰を連れて行っても安心して食事できる場所」であることが価値になりえます。その価値によって、大事な会食や記念日には、このレストランを利用しようという気持ちになるのです。

美容院で言えば、お店側は「上手なカット」が強みだと考えるかもしれませんが、お客様にとっては、「毎日ストレスなく決まる髪型」や「人からきちんと見られるデザイン」などが価値になります。

提供価値とは、あくまで「お客様から選ばれる理由」、相手にとっての「利益やメリット」を指すものだと意識してください。

つまり、この提供価値を考えるシーンでは、「何を理由に選ばれたいのか」「何を期待されているのか」を掘り下げていく必要があります。

提供価値を機能的価値・情緒的価値に分ける

提供価値を考えるときは、機能面の価値と、情緒面の価値に分けて考えていきます。

・機能的価値：受け手（お客様）が得ようとする基本的・物理的な効用・メリット
・情緒的価値：受け手（お客様）が求める感覚・気分など心理的・感情的な効用

たとえば、会社が誰かを採用する際の「〇〇の資格を持っていて〇〇できる人が欲しい」という条件は機能的価値です。グローバル化に対応するために、英語ができて、ＭＢＡの資

【図表10】機能的価値と情緒的価値の例

	機能的価値の例	情緒的価値の例
シャンプーの場合	・髪がキレイになる ・地肌にやさしい ・いい香りがする ・ボリューム感がでる	・さっぱりして気持ちが良い ・リラックス感が得られる ・見た目も気分も最高になる
自動車の場合	・燃費が良く故障が少ない ・軽快な走りができる ・抜群のハンドリングで運転しやすい	・安心できる ・運転していて楽しくなる ・わくわくする ・高揚感を得られる
腕時計の場合	・正確な時間を刻む ・時刻が見やすい	・ステイタスを感じる ・アクティブな気分になる
レストランの場合	・おいしい食事を食べられる ・きちんとした接客 ・清潔で素敵な空間	・満足感を得られる ・楽しさを感じる ・気分が高まる

格を持っており、海外のエグゼクティブともきちんと議論できる人がいいという条件があった場合、それは機能的価値と言えます。受け手が得たいと思う**「直接的で基本的な便益」**と考えてもいいでしょう。

一方で、この人と働いたら社内が明るい雰囲気になりそう、協調性があってあの人と一緒なら頑張れそうと感じるのは、情緒的価値に近くなります。受け手の**「感覚や気分に対する便益」**です。

会社の提供価値も、このように、機能的価値と情緒的価値に分けて考えていきましょう(図表10)。

一概には言えませんが、BtoB企業の場合は、情緒面よりも、機能面の価値をしっかり伝えなくてはいけない場合が多いと感じます。

一方で、缶コーヒーやビールなどの消費財を扱う会社であれば、機能面はほとんど差がつかないので、情緒面を強くアピールすることになります。たとえばジョージアが「飲むとほっとする安心感」を打ち出すのは、情緒面の価値を意識しているからです。

成熟産業の業界も、機能的価値より情緒的価値が重要視されていきます。ケータイ電話などは、最初に登場したときは、いかに電波がつながるか、値段が安いかといった機能的価値が重視されて選ばれてきました。でも、最近ではその差別化が難しくなって、情緒面で差をつけようとしています。

提供価値を現在と将来に分ける

会社が提供できる価値を、機能的価値と情緒的価値に分けるときに、もう一つ意識する軸があります。

それは、現在すでに提供できている価値と、将来提供すべき価値の2軸で整理することです。いま提供できている価値だけを整理すると、それは現在のその会社の姿を示すことにはなりますが、「将来の理想像＝あるべき姿」には到達できません。

そこで、いまはまだないけれども、今後獲得していきたい価値や、いまはまだ弱いけれども、今後強化していきたい価値についても、この時点で同時に整理をしていきます。

たとえば、大手工作機械メーカーのオークマでは、現在提供できている情緒的価値として「ものづくりに欠かせない製品・サービスを、責任をもって提供してくれる信頼感」をあげました。そして、今後強化したい情緒的価値として「持つこと、使うこと自体に価値があり充実した気持ちで仕事ができる高揚感」と「ものづくりをさらに進化させるための、高付加価値を生み出してくれる期待感」を、追加しています。

このように、ブランドコンセプトは、会社のあるべき姿を規定するものですから、現在備わっている提供価値だけを定義しても、それでは現状維持に過ぎず、今後強化すべき提供価値や、将来新たに獲得すべき提供価値を加えていくことが重要になってきます。

価値を保証する根拠を持つ

図表11のオークマの提供価値規定の例を見ていただければわかるように、機能的価値と情緒的価値は、必ずつながりを持っています。「稼働率と精度の高い最も優れた工作機械を作っていること」（機能的価値）が「信頼感」（情緒的価値）につながり、「顧客ニーズを先取り

【図表11】オークマの提供価値規定　例

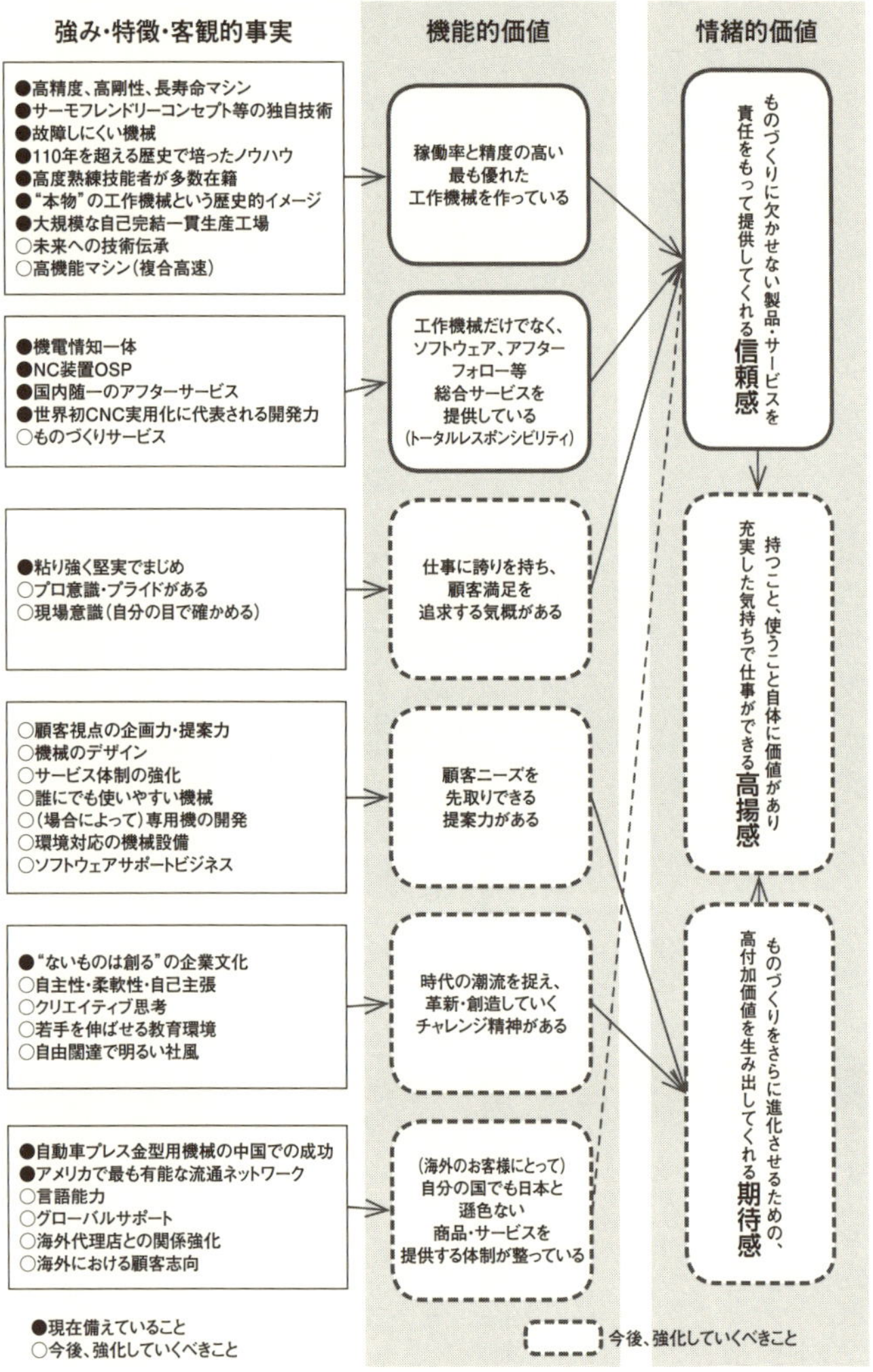

できる提案力があること」（機能的価値）が「期待感」（情緒的価値）につながるといったように、機能的価値と情緒的価値を連鎖させ、より具体的に提供価値として規定します。

そして、これらの価値の連鎖を支える根拠（エビデンス）として、客観的な事実が必要になります。第4章で述べた、経営者、社員、お客様、その他関係者から集めてきた会社の「強み」や「特徴」が、この客観的事実にあたります。

会社が持っている強みや特徴が、お客様にとっての機能的価値となり、その機能的価値が情緒的価値につながる。この一連の流れが形成できれば、会社が提供する価値が、**「どんなことを通じて（客観的事実）、どんな便益を提供し（機能的価値）、それによってどんな気分になってもらうか（情緒的価値）」**というように、だいぶ具体的になってきます。

「客観的事実→機能的価値→情緒的価値」という価値の連鎖は、おそらく複数できることでしょう。そのなかで、最も強みを発揮できて、差別化が可能な価値の連鎖を見つけることです。それが、自分たちがアピールすべき最大のオリジナリティになります。

会社の「人格」とは何か

会社の提供価値が明確になってきたら、いよいよ、会社に「人格」を与えます。強いブランドほど「人格」を持っていて、あたかも「人」であるかのように消費者と接すると言われています。

たとえばメルセデス・ベンツは、成熟した大人の男性に喩えられます。物静かで落ち着いた雰囲気を持っているが、かといっておとなしく遠慮がちというわけでもないというような人格です。ハーレーダビッドソンというブランドには、男らしい男、自由で独立していてタフな人という人格があります。一方トヨタ自動車は、勤勉でまじめ、リーダー的存在ではあるものの控えめで堅実な人というイメージです。

このように、ブランドを人に喩えたときの性格や個性、醸し出す雰囲気や「らしさ」を、ブランドパーソナリティと呼びます。

世の中の人が会社のロゴを見たり、商品を見たりしてなんとなく感じられる印象は、この会社の持つ性格や雰囲気であることが多いのです。

たとえばサントリーとキリンとアサヒは、それぞれその会社名から受けるブランドパーソナリティが少しずつちがうと感じるはずです。

銀行でも、三菱東京ＵＦＪ銀行と、三井住友銀行と、みずほ銀行では、やはり受けるブランドパーソナリティがちがうはずです。

同じような業種の会社で、提供する価値が似たようなものであったとしても、ブランドパーソナリティが明確であれば、それだけで「ブランドらしさ」を作り出し、受け手の印象を変え、差別化することが可能になります。

このブランドパーソナリティを規定するときは、第4章で紹介した「動物」「花」「椅子」など、ビジュアルカードを使用したワークショップが役立ちます。

それ以外にもさまざまなものに喩えてみると、自分たちの会社の「らしさ」が見えてきます。街や国、雑誌、色などにも喩えてみてください。自分の会社を花に喩えると「ひまわりに近いのか、スズランに近いのか」、国に喩えると「アメリカのようか、中国のイメージか」、色に喩えると「赤っぽいのか、青っぽいのか」。そのように何かに喩えて、「らしさ」を見つけていきます。

人格ですから、タレントに喩えてみるのもいいでしょう。会社が広告に起用するタレントは、自然とその会社のブランドパーソナリティに近しいものになります。自分たちの会社だけではなく、競合のブランドパーソナリティも想像してみると、自社の「らしさ」がより浮き上がってくるでしょう。

私がいままでブランディングのお手伝いをした会社でも、「自分の会社をタレントに喩えたら？」の質問をしたワークショップはとても盛り上がります。そしておもしろいのは、ワークショップに参加してくれた人たちが、少なからず、同じタレントをイメージすることです。

そして、そのタレントのイメージを言葉に置き換えていきます。

ある会社では、身近な、まじめな、明るく元気な、やさしいというキーワードがあがりました。別の会社では、スマートな、華やかな、クールな、洗練されたなどのキーワードがあがりました。

これら会社の人格を言語化する作業は、次の章以降で述べる会社のあるべき姿を言葉や視覚で表現する際に役立つだけでなく、社員の印象や社風といったものにも反映されていきます。

第6章　自社の「あるべき姿」を言葉にできますか?

ここまで三つのカテゴリーでブランドコンセプトを考えてきました。復習しましょう。
一つめは、どんな人たちに愛されたいか（理想的なお客様像）
二つめは、どんな価値を提供できるか（提供価値）
三つめは、どんな「らしさ／イメージ」を感じさせたいか（ブランドパーソナリティ）です。ここまでできたら、あるべき姿をカタチにするのは、あと一歩です。今度は、ブランドコンセプトをわかりやすい言葉で表現してみましょう。文章化することで、あるべき姿がより明確になり、しかも多くの人に伝えることが可能になります。

自社の理想像を文章化する

ブランドコンセプトを文章化するということは、すなわち、「自分たちの会社はこういう価値をあなたに提供します」とお客様に約束することです。

これは、ブランドステイトメント（宣言文）や、ブランドプロミス（約束文）などとも言われます。自社のあるべき姿を「お客様や社会への約束」として端的に明文化し、有言実行を目指すものです。

このブランドステイトメントは、一方で、ブランドにかかわるすべての社員の行動のよりどころとして、日々の業務に反映していくための行動の規範や判断基準としての機能もはたします。

一般的には、ブランドステイトメントと、それをさらにひと言で集約したブランドスローガン（タグライン／コーポレートメッセージなどともいう）とセットで考えていきます。

ブランドステイトメントには、自分たちで定義したブランドコンセプトの内容（理想的なお客様像・提供価値など）をきちんと盛り込みながら、３００字から５００字程度の文章でま

【図表12】ブランドステイトメントとブランドスローガン

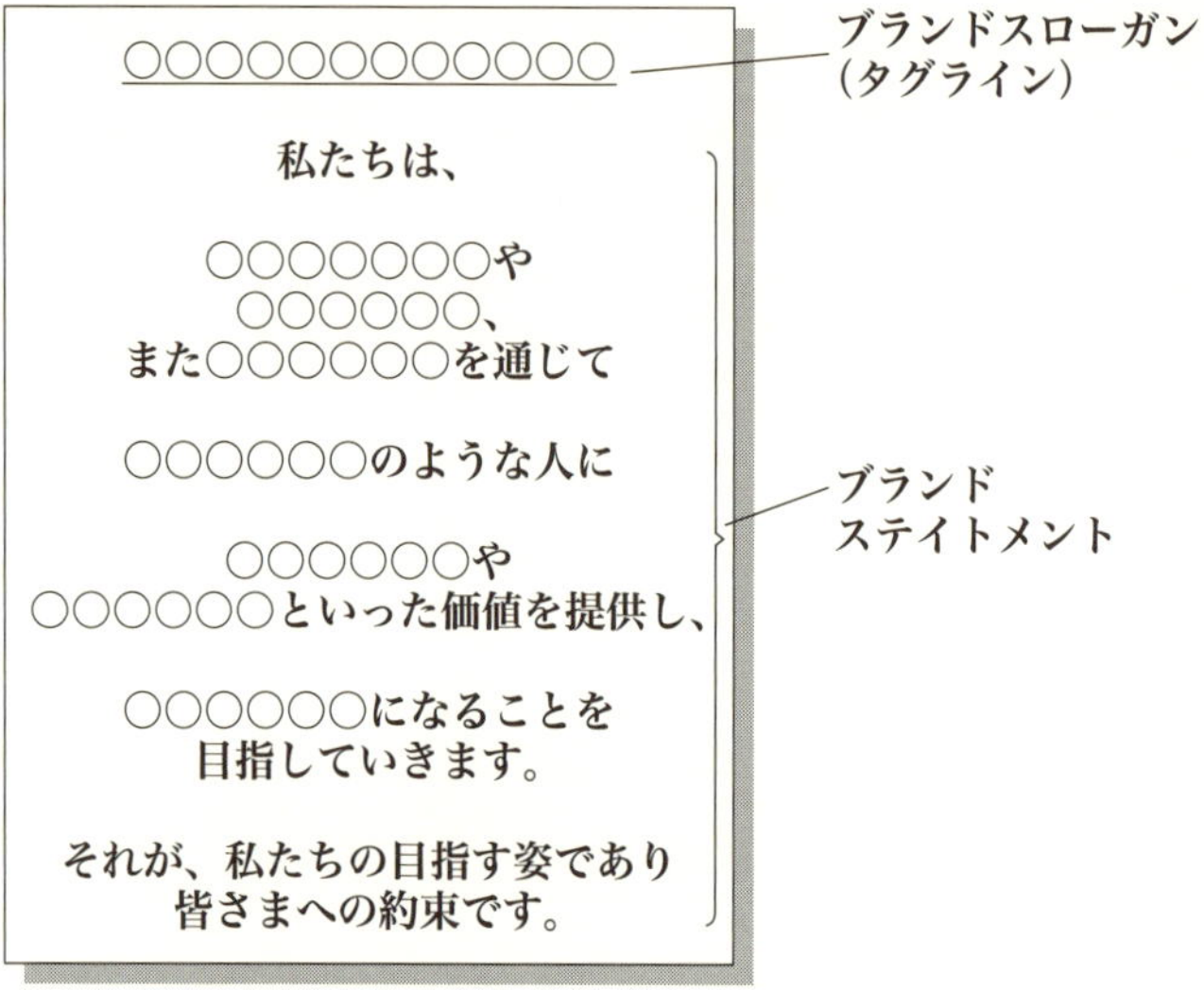

ブランドスローガン（タグライン）
ブランドステイトメントを一言で端的に表したメッセージ。企業ロゴとともに使用することも多い

ブランドステイトメント
ブランドコンセプトを簡潔な表現としてまとめ、お客様や社会に対する「約束」として宣言した文章。300〜500字程度にまとめるのが一般的

【図表13】よつ葉乳業のブランドコンセプト

ブランドターゲット（理想的なお客様像）

毎日の食生活を大切にしている人　家族の健康や幸せを願う人

事実・特徴

- 北海道の乳製品メーカー（北海道産、北の大地イメージ）
- 酪農生産者が作った会社
- 良質な乳による高品質な製品群
- 安定供給
- 安心して利用できる価格
- 新しい技術・設備
- 自社責任による製造体制・品質管理体制
- 独自の物流システム
- 業務用に強い

機能的価値

- おいしい製品を得られる
- 本物の味、自然の味が味わえる
- 体にやさしく健康になれる
- 安全で家族みんなに安心して飲ませる（食べさせる）ことができる
- 毎日欠かさず食卓に並べられる

情緒的価値

- 幸福感
  おいしいものへのささやかな感動や自然とうれしく笑顔になる幸福感
- 安心感
  身近な存在で、大切な人に毎日与えることのできる安心感

ブランドパーソナリティ

身近な　まじめな　明るく元気な　やさしい

とめます（図表12）。

いくつものキーワードで整理されたブランドコンセプトを、一連の文章にまとめていく作業を行うと、あるべき姿がより明確になっていきます。実際には、一つひとつの言葉をじっくり吟味し、何度も議論しながら文章をブラッシュアップしていきます。このような手順を踏んで作ったブランドステイトメントは、社員の納得度が高いものになります。

たとえば、先ほどから例にあげているよつ葉乳業では、図表13のようなブランドコンセプトをもとに、図表14のようなブランドステイトメント（このときはブランドプロミスと呼びました）を作りまし

【図表14】よつ葉乳業のブランドプロミス

①北海道のおいしさを、まっすぐ。

よつ葉乳業は、②北海道の③酪農家の会社です。

私たちは、②北海道の大自然で育まれた④良質な生乳を、
牛乳・乳製品として⑤毎日の食卓にお届けしています。

⑥酪農家にも、⑦お客様にも⑧まっすぐに向き合っている私たちだからこそ、
⑨安全で高品質な⑩「乳」を、⑪確実にお届けすることができるのです。

私たちが目指すこと、⑫それは家族の健康や幸せを願い、
⑫食生活を大切に考えている皆様へ、⑬ささやかな感動を提供し続けること。

そのために、私たちは「おいしさ」を基本に⑭新たな価値の創造に努めます。

北海道のおいしさを、まっすぐ。

⑮北海道から皆様へ、おいしさをまっすぐにお届けすることで、
⑯私たちは笑顔あふれる暮らしに貢献します。

た。

これらの言葉には、一つひとつ意味があります。

図表14を見てください。

ブランドプロミスの文中にあるそれぞれの言葉には、次のような意味を込めています。

①「まっすぐ」には「まじめで誠実」な社風、酪農生産者と消費者を「ダイレクト」に結ぶこと、「北海道の生乳だけ」を使用していることの三つの意味がある。また、今までもこれからも変わらず「まっすぐ」であるという意志が込められている
②よつ葉乳業の強みのひとつである「北海道の乳製品メーカーであること」を表現
③よつ葉乳業の強みのひとつである「酪農生産者が集い生まれた企業であること」や、今も酪農家と共に歩んでいることを表現
④北海道の生乳の品質の良さを表現
⑤よつ葉乳業がお客様にとって身近な存在であることを表現
⑥商系メーカーと違って、酪農家と近い存在の会社であることを表現
⑦よつ葉乳業の製品を購入しているお客様

⑧酪農の現場とお客様双方と真剣に、誠実に、真摯に向き合っていることを表現
⑨よつ葉乳業の製品の「安全性」と「品質の高さ」、よつ葉乳業の「技術力の高さ」を表現
⑩原材料、牛乳、乳製品の全てを表現
⑪原材料を含めた「乳」の安定供給を表現
⑫理想的なお客様像を表現。「皆様」は現在のお客様＋将来のお客様を意味
⑬毎日の生活の中にある身近な存在であるため、「ささやか」と表現
⑭よつ葉乳業が今後実施すべき行動を表現
⑮「北海道のおいしさを、まっすぐ。」の意味を説明
⑯お客様、従業員とその家族、酪農生産者の全ての人々に対するメッセージ

ブランドコンセプトの一つひとつのキーワードが文章の中にきちんと盛り込まれ、一連の文章として表現されています。

このように文章化することで、ブランドコンセプトが多くの人に伝わりやすくなるのです。

自社の想いをひと言で表すスローガン

ブランドスローガンは、会社がお客様や社会に対して伝えていきたい想いや姿勢、目指す姿などをひと言で端的に表現したものです。

たとえば日立製作所は「Inspire the Next」、資生堂は「一瞬も　一生も　美しく」、ホンダは「The Power of Dreams」、サントリーは「水と生きる」というブランドスローガンを掲げ、会社のロゴと一体化してデザインしています。スローガンを会社のロゴとともに使用すると、会社名とセットで覚えられるだけでなく、名刺から広告までさまざまな場所で人目に触れるため、会社の想いをいたる場所で伝えることができます。また、社外の人だけでなく、社員もいつも目にすることになりますから、自社のあるべき姿を何度も確認し、自覚できるようになります。

とはいえ、スローガンは、一言で会社のメッセージを表現するため、訴求する内容が限定されてしまいます。多くの場合、伝えるべきポイントとして、次の四つの方向性に絞られます。

①事業領域を伝える（何の事業を行っている会社かをストレートに表現する）
②ビジョンを伝える（どんな会社を目指したいかを表現する）
③お客様への提供価値を伝える（お客様に何を与えることができるかを表現する）
④会社の姿勢を伝える（社員がどんなことを心がけて活動したいかを表現する）

できるかぎりオリジナリティのある言葉で表現したいところですが、奇をてらった言葉を使うよりも、社員全員が納得し、かつお客様にきちんと説明できるような表現を重視します。


たとえば先ほどのよつ葉乳業の場合、「北海道のおいしさを、まっすぐ。」というひと言のメッセージがスローガンですが、この「まっすぐ」とはどういう意味ですか？　と聞かれたときに、

「原料の生乳、乳原料はすべて『北海道産』であること、お客様に『まじめで誠実』であること、酪農家とお客様を結ぶ『架け橋』であることという意味を込めています」

としっかり説明できることが重要になります。

日本の会社が好きな言葉はこの八つ

ブランドスローガンに頻出する言葉は何だと思いますか？

それはずばり、「世界／地球」「未来／明日」「あなた」「人」「暮らし」「創る／創造する」「おいしい／おいしさ」「ともに／いっしょに」の八つです（図表15）。

これらの言葉は、ポジティブで、将来への可能性を秘めており、しかも誰も批判しにくい言葉です。

ただし、その一方で、独自性が薄くなるデメリットもあります。しかし独自性ばかりを意識して、インパクトのある言葉やかっこいい言葉を使うよりは、やはり社員が納得しやすく、共感できるような表現にすべきです。

そのためには、有名なコピーライターにお願いするよりも、ブランディングを推進する過程で、**すでにたくさんの社員や関係者の口にのぼった「会社への想い」から言葉を「選ぶ」**ほうが、説得力が出ます。自分たちが発した言葉だからこそ、その言葉を大切にしようと考えますし、多くの社員の共感を呼ぶことができるのです。

【図表15】企業メッセージでよく使われる言葉

※主な企業のブランドスローガン（コーポレートメッセージ）403点より抽出／2016年2月自主調査

順位	言葉	回数	企業メッセージ例
1	世界・World・地球	45	世界においしいしあわせを（マルハニチロ） Orchestrating a brighter world（NEC）
2	未来・Future 明日・Tomorrow	40	この星に、たしかな未来を（三菱重工業） あしたを、ちがう「まいにち」に。（TOTO）
3	あなた・You	34	あなたと、つぎの景色へ（ブリヂストン） Quality for You（三菱UFJフィナンシャル・グループ）
4	人・Human	26	ひとのときを、想う。JT（日本たばこ産業） Human Chemistry, Human Solutions（帝人）
5	暮らし・Life	24	暮らし感じる、変えていく（P&G） Good Food, Good Life（ネスレ日本）
6	創る・創造する	23	「生きる」を創る。（アフラック） 感動を・ともに・創る（ヤマハ）
6	おいしい・おいしさ	23	自然を、おいしく、楽しく、KAGOME（カゴメ） 北海道のおいしさを、まっすぐ。（よつ葉乳業）
8	ともに・いっしょに	21	共に創る。共に生きる。（大和ハウス工業） shaping tomorrow with you（富士通）
9	心・Heart	15	ココロも満タンに（コスモ石油）
10	もっと	14	明日をもっと、ここちよく（グンゼ）
11	力・Power	13	The Power of Dreams（本田技研工業）
11	笑顔	13	Smiles for All. すべては、笑顔のために。（東洋水産）
11	革新・イノベーション	13	Leading Innovation（東芝）
14	新しい	12	新しい今日がある（セブン&アイ・ホールディングス）

ブランドステイトメントは、何度も議論を繰り返しながらみんなが納得できる文章を作っていきます。一方それをひと言で表すブランドスローガンは、多くの場合、50案から100案といった、たくさんの表現案を考え、そこから絞り込んで決めていきます。

言葉を選ぶときの七つのポイント

ここで、スローガンを決めるときのチェックポイントをお話しします。

基本的には、社員の人たちから集まった「想い」を示す言葉であることが第一です。その言葉がお客様や社会が望むようなこと、期待するような内容であるといいでしょう。しかもライバルとの差がはっきりしている言葉を選ぶべきです。

以下のチェックポイントを意識すると、より良いメッセージが選べます。

①伝達しやすいこと

これは、できるだけシンプルかつ短い言葉で、言いやすく、わかりやすいことを指します。特にスローガンは、多くの人の会話を通じて伝わっていくこともあるでしょう。ですから、人から人へと伝達しやすいシンプルさが大事なのです。

②記憶しやすいこと

多くの人が覚えやすく、記憶に残りやすいことも意識します。ちなみに日経BPコンサルティングが毎年行っている「企業メッセージ調査」で、何年にもわたって「企業名想起率」(メッセージのみを提示してその企業名の記入を求めた時、正しく記入できた回答者の比率)が1位なのは「お口の恋人(ロッテ)」だそうです。たしかにリズム感があり、記憶に残りやすいフレーズです。

③共感しやすいこと

全社員、そしてすべてのステークホルダーが納得でき、共感できることが重要です。この共感がないと、その後社内にも社外にも浸透していきませんから、心に響くような共感できる言葉を選ぶことが大事です。

④求心力があること

社員の意識や活動の求心力になりえるかどうかも重要です。ブランドステイトメントやスローガンは、その後、社員の行動の指針にもなります。ですから、求心力のある言葉であるかどうかはチェックしなくてはいけません。

⑤独自性があること

これは先ほども述べましたが、できるだけありきたりではない、新しく、エッジの効いたオリジナリティがあること。他社と差別化ができているかどうかです。

⑥期待感があること

その会社が未来に向かって進展していく可能性や期待感が感じられるような、ワクワクするような言葉であること。ポジティブなイメージを感じさせる言葉を選びます。

⑦耐久性があること

最後が「耐久性」です。長期にわたって使用し続けられる言葉であるかどうかを確認します。10年後に使っても古くならないかどうかの視点は重要です。たとえば、「マルチメディア」とか「ユビキタス」という言葉はいまではほとんど使われません。ＩＴや、ＩＣＴなどの言葉も、時代の変化に耐えられるか気になるところです。

静鉄グループのブランディング

一つ例をご紹介しましょう。静岡鉄道は2019年に創立100周年を迎えます。グループ会社が約30社あり、鉄道はもちろんですが、バスやタクシー、不動産業、商業ビル、ホテル、スーパーなどと、多岐にわたる事業を展開しています。

中長期経営ビジョンとして「信頼され、選ばれる静鉄グループ」を掲げ、これからはこれまで以上に「信頼され、選ばれる企業グループにしていく」ために、ビジョンの実現に向けたブランディング・プロジェクトがスタートしました。

100年も歴史のある会社ですから、信頼感のある会社です。しかし一方で、長い歴史で地域に根差しているため、存在があたりまえになり、積極的に選ばれているかというとそうでもないのではないか、という問題がありました。しかも、グループ全体で、パートやアルバイトまで含めると約8000人が働いており、全体としての一体感を持つことは難しくなっていました。

本来であればそれだけの人数がいるのですから、グループが一丸となれば、大きな相乗効

【図表16】静鉄グループのブランドコンセプト

SHARED VALUE 社会との共有価値、ブランドとして実現したい社会

社会的価値

- 暮らしやすい街づくりを通じて、地域を華やかに(いろどり豊かに)発展させ、たくさんの笑顔が輝く未来を創る
- ひとつ先の新たな生活提案を通して感動を生み出し(心をときめかせ)、人々の暮らしをより豊かにする

CUSTOMER VALUE ブランドがお客様に提供する独自価値の体系化

事実・特徴

- 安全・安心・快適のあくなき追求(理念)
- 安定した経営状態
- 暮らしに密着した多彩な事業
- 静岡の街を創り上げてきた実績・歴史
- 仕事にやりがいを持ち、誠実に働く社員
- 街のシンボル「セノバ」からの情報発信
- お客様の感性に訴えかけるプラスアルファの価値提供(静鉄グループの7C)
- 静岡県内だけでなく、将来的には県外、国外への事業展開を目指す

機能的価値

- 安全で質の高い商品・サービスを提供してくれる
- 普段の暮らしのなかで、いつでも、どこでも、誰でも快適に利用できる
- 昔から地域に根ざしており、なじみがあって信頼できる
- お客様視点で、誠実に、きめ細かく対応してくれる
- センスの良い、新しいライフスタイルを提案してくれる

情緒的価値

- 良質のものを安定して提供し続けてくれる「安心感」
- 地元に根差し、身近な存在としての「親近感」
- 日常にちょっとした驚きや感動を与えてくれる「高揚感」

STYLE ブランドが持つ雰囲気や世界観

ブランドパーソナリティ

- 堅実な(安定した、頼りになる)
- 親しみやすい(身近な、気心の知れた)
- 洗練された(知的な、スマートな)

果をもたらすはずです。ですがあまりにも事業の幅が広く、働く人が多いので、グループ内でどんな事業をやっているのかが把握しきれなかったり、意識や行動のズレが生じていたりするといった課題意識がありました。

たとえば、社員がグループ以外の会社やサービスを紹介してしまったり、グループ会社間で接客におけるホスピタリティの考え方が異なっていたりということが少なからずあったそうです。

【図表17】静鉄グループのブランド宣言

静岡の歴史とともに歩んできた、
私たち静鉄グループがめざすのは

安全で質の高い商品・サービスを提供し続け
安心や快適をもたらすこと。

ひとつ先の新たな価値提案によって
日常にちょっとした驚きや感動をもたらすこと。

そして、地域のみなさまとともに
たくさんの笑顔が輝く素敵な明日を創ること。

私たちは、
みなさまの暮らしに寄り添った多彩な事業を通じて
「いろどり」ゆたかで「ときめき」あふれる
社会の実現に挑戦します。

静岡から、日本中へ。そして世界へ。
静鉄グループは未来へ向けて躍進します。

ブランディングを進めるにあたっては、それまではあまり面識も交流もなかった各グループ会社から、若手中堅社員を中心に20名を選抜して、4ヵ月かけてワークショップを実施しました。そしてワークショップの結果や、消費者アンケート調査、従業員意識調査などさまざまな情報からキーワードを抽出し、ブランドコンセプトとしてまとめました（図表16）。

さらに、それをブランドステイトメントとして文章化し、「ブランド宣言」と名付けました（図表17）。

最終的に、今後の指針となるべきス

ローガンとして、「街にいろどりを。人にときめきを。」というメッセージを制定しました（図表18）。このブランドスローガンは、「静鉄グループの多彩な事業によって、地域にたくさんの笑顔を生み出し、いろどり豊かで華やかに発展させていきたい。そして、ひとつ先の新しい生活提案をすることで、驚きや感動を生み出し、人の心をときめかせたい」という想いを端的な言葉に集約したものです。

このメッセージを現在ではグループのロゴに組み合わせて、あらゆるシーンで発信するようにしています。

わかりやすい言葉が必要な理由

ブランドステイトメントやスローガンは、その後、社員の思考や行動の基準になっていきます。

静鉄グループの「街にいろどりを。人にときめきを。」というメッセージは、事業の異なる多種多様な社員にとっても共通の指針となりえる言葉です。つまり、どのグループ会社の人も自分の仕事を振り返るときに「この仕事は街にいろどりをもたらすことができるだろうか」とか、「人にときめきを与えているだろうか」という判断基準を持てるのではないかと

【図表18】静鉄グループのロゴと社内用ポスター

街にいろどりを。人にときめきを。

静鉄グループ

考えています。

もう一つ、例をお話しします。

第5章で紹介したオークマのブランドステイトメントです。オークマでは図表19のようなブランドステイトメントを策定しました。そしてそれを「OPEN POSSIBILITIES」という短いメッセージにまとめました。このメッセージは、「製造業の中心にいる私たちだからこそ、常にあらゆるものづくりの可能性を拡げることを意識しなければならない」という強い意志を表すとともに、「新しい発想でお客様の課題解決に積極的に取り組んでいく」という社員の姿勢も表現しています。

いまある常識にとらわれず、いままでなかったものづくりサービスで世の中を変えていく。その原動力となるのが、どんなときも可能性を切り拓き、ものづくりに変革をもたらすというオークマの姿勢であり、それを「OPEN POSSIBILITIES」という2ワードの短い言葉で表しています。

静岡鉄道やオークマの例のように、わかりやすく、しかも行動の判断基準になりうる言葉

【図表19】オークマのブランドステイトメント

OPEN POSSIBILITIES オークマは、 長い歴史のなかで育んだ熟練の技と 時代を先取りする技術開発によって、 工作機械のあるべき姿を追求してきました。 技術の進歩とニーズの多様化により、 工作機械が果たすべき役割は広がり続けています。 私たちは、 ものづくりのプロフェッショナル企業として、 常にお客様の声に耳を傾け、 期待を超える革新力と総合的なサポート力によって、 新たな価値創造に挑戦します。 信頼に応え、感動をもたらす企業へ。 私たちはものづくりの未来を切り拓いていきます。

を生み出すことが理想です。

その言葉が「ログセ」になるほど社員の意識に深く根付けば、多くの社員が一貫性のある行動・ふるまいができるようになり、強いブランドを作っていくことに結びついていくでしょう。

第7章　自社の「あるべき姿」を見える化していますか？

ここでは、あるべき姿をビジュアルでカタチにする方法についてお話しします。

デザインなどの感覚的なものは、個々のセンスや好き嫌いで決められがちなので、規則がなければ、自然とバラバラになってしまいます。

そして、バラバラのビジュアルから受ける印象は、一貫性のなさ、信頼感の欠如などにつながっていきます。ですから、会社が発信する情報を言葉だけではなく、見た目でもしっかり定義し、統一していくことが重要になっていきます。

この章では、会社が発信する視覚情報に一貫性を持たせ、会社の「見られ方」を一つにする方法についてお伝えします。

どうして何パターンも名刺ができるのか

ある会社でいろいろな部署から名刺を集めてみたら、16種類もデザインパターンがあったことがわかりました。それだけではなく、名刺に印刷される会社名の書体も色も統一されておらず、同じ会社なのにまったくちがった印象を与える名刺がいくつもできあがっていました。

これは、何の規則もなく、それぞれの部門の担当者がそれぞれの意志で名刺を作成していたために起こったことです。

実は、このようなことは上場企業でも意外と多く、部署によっていろいろな名刺が使用されているのは珍しくありません。ましてや、さまざまな部門から出されているカタログやパンフレットはもっと顕著で、それらの表紙を並べてみると、同じ会社なのにバラバラなデザインであることがよくあります。

部署による名刺のちがいは、社内で働く人たちよりも、それを受け取った人のほうが先に気づきます。名刺を持ち歩く人は1パターンの自分の名刺しか持ちませんが、取引先からすると、同じ会社なのに、いろいろなタイプの名刺が手元に集まってしまうからです。

受け手側は、バラバラの名刺を見ると一貫性のなさを感じます。狙いを持ってバラバラにしている場合を除き、その一貫性のなさは、会社のルーズさを感じさせますし、ひょっとしたら社員の活動も統制がとれていないのではないかと思われるかもしれません。人によっては、その会社の品格を疑ってしまうこともあるでしょう。

たかが名刺。見た目をそんなに気にする必要があるのかと思われるかもしれませんが、人間の五感による情報伝達では、視覚によるものが65〜80パーセントを占めると言われます。ですから会社のイメージを変えようと思ったら、視覚的な要素を変えることが、一番インパクトがあります。

視覚伝達要素は、具体的にはシンボルマークやロゴをはじめ、パッケージやホームページ、パンフレット、広告、お店や売り場のショーケースやサインなど、さまざまなものがあります。

会社の想いや伝えたい価値を効果的に知ってもらい、統一したイメージを持ってもらうためには、「見られ方」も一つにしなくてはいけません。人によってバラバラのものをデザインし、発信していては、それぞれの接触ポイントで、会社の見られ方もバラバラになってしまうからです。

ビジュアルを統一することの重要性は、社外に対して一貫したイメージを持ってもらうためだけではありません。

ビジュアルの使用に対して、体系だったルールがあれば、その制作にかかる手間やコストを大幅に削減することができます。

先ほどの名刺の話も、16パターンも名刺があったということは、少なくとも16回、名刺をデザインするコストがかかったことになります。名刺だけではなく、各種パンフレットや販促物などすべての制作物も、毎回ゼロからデザインすると考えたら、莫大な手間とコストがかかります。ビジュアルの発信に対して、統一されたルールがあれば、その手間とコストはずいぶん減ります。

ロゴはなぜ必要なのか

あるべき姿を視覚的にカタチにする方法をお話しする前に、そもそもなぜロゴやシンボルマークが必要なのかについて考えてみましょう。

ロゴは「会社の顔」とも言われていますが、お客様を自社に導くための視覚的な道具であり、会社が持つ本質的な強みや特徴と、名前（社名）を結びつける役割を持っています。

ですから、ロゴは安易に変えるようなものではありません。

ときおり、「今期の予算が余ったから、ロゴを変えてはどうか」などという会社もありますが、ロゴは予算が余ったから変える性格のものではありません。

もちろん、お客様や競合相手が大きく変わり、これからは会社の提供価値を変えていかなければならないとか、いまのイメージをがらっと変えたいなど、会社のあるべき姿を見直すべきだという明確な理由があるならば別です。

ですが、そうでない限りは気軽にロゴを変えるのはマイナスです。せっかく長い時間をかけてお客様の頭の中に蓄積されたロゴと会社のイメージとのつながりを、一気に失うことになりかねません。

たとえばアパレルブランドのGAPのロゴが変わったときのことを思い出します。

それまでのGAPのロゴは、青地に白抜きで縦長の細い書体を使ったクラシカルなロゴで、スタイリッシュなイメージを作り上げていました。それが、ある時期、ブルーの小さなブロックに黒文字（書体はヘルベチカ）が重なったデザインに変わったことがありました。

ところが、その新しいロゴを見たGAPのファンたちの間で、「ダサくて嫌だ」「GAPのファンだったのに、もう着ない」などとネット上の論争が起こり、そのロゴはわずか1週間ほどで撤回され、もとのロゴに戻すことになったのです。会社が思っている以上に、お客様はGAPのロゴに愛着を持っていたわけです。

ロゴは、お客様に「価値やイメージを喚起させる」重要な役割を持っています。そしてその浸透には時間がかかります。ですから**ロゴを変えるとき、会社側は相当な覚悟が必要です。**自分たちのあるべき姿をしっかり見直し、ちょっとやそっとでは揺るがない意志を持って実行しなければなりません。

5万円のロゴと1000万円のロゴのちがい

インターネットで「ロゴ制作」と検索すると、「5万円から作ります」といったようなリンクがたくさんヒットしてきます。

会社の名前を入力すると、一瞬で何パターンものロゴが出てきて、好きなものを差し上げますというロゴ制作アプリもあります。ロゴ制作は数万円でできるものなのだと考える人もいるようです。

ですから、ロゴ制作にかかる費用の相場感についてお問い合わせがきたときに、「会社にもよるのでいくらとは言えないのですが、だいたい1000万円から数千万円、場合によっては1億円かけて作るところもあります」と言うと、たいていはかなり驚かれます。

では、5万円のロゴと1000万円のロゴのちがいはどこにあるのでしょうか。

ロゴは、先ほど述べたように、会社の顔です。お客を導いてくれる道具でもあり、会社の本質や強みや特徴を示すものでもあります。

ですから、ロゴ開発の8割はコンセプトワーク、つまり会社の魅力探しや、想いや価値を規定する（=あるべき姿を定義する）仕事になります。具体的には、これまでの章で述べてきたようなプロセスがなければ、社員や関係者の共感を得るロゴは作れないのです。

もちろん、コンセプト作り以外にも、費用が発生する理由はあります。その一つが、類似商標のチェックです。

ロゴやシンボルマークは名前とともに商標登録をする必要があります。商標を出願する際には、その商標を使用する商品または役務（サービス）を指定するのですが、その指定された商品や役務が属する業種（区分といいます）も合わせて指定します。自分たちが指定した区分の中で、類似のものがないかどうかのチェックをするのには時間とコストがかかります。

グローバルでビジネスを行うために世界各国の商標を調べる必要がある場合は、それだけで数千万円かかることもあります。

これは余談になりますが、「私は学校でデザインの勉強をしたのでロゴくらい作れます」という新人デザイナーと、これまで何十社、何百社と会社のロゴを作ってきたベテランデザイナーでは、作るロゴデザインのクオリティが全然ちがうと感じます。

一例を挙げると、ロゴデザインでは、基本的には右肩下がりのものは作りません。将来に向かって上昇し、成長していくイメージのある右肩上がりではなく、その反対のものを会社のロゴに使うのは考えづらいでしょう。でも、慣れていないデザイナーは意識せずに右肩下がりのものを作ってしまうことがあります。

色を何色まで使うか、その色の組み合わせが人に与える影響はどんなものか、モノクロになったとしても違和感がないかなど、色使い一つとっても、注意すべきことはいろいろあります。それでいて、「どこかの会社のロゴに似ている」などあってはなりません。長年の経験を持ち合わせたデザイナーと、新人のデザイナーでは、これらの点で大きな差がつきます。

ロゴの開発手法は会社によって変わる

ロゴ開発は、コンセプトを決めるまでが8割だと述べましたが、実際にコンセプトが決まってからデザインを決定するまでの方法は、その会社の体制や風土によって、次の三つのように変えています。

①トップの独断で決める

強いリーダーシップのある経営者がいる場合や、カリスマ社長と呼ばれる人がいるときは、トップに直接決めてもらいます。それはトップが明確で強いビジョンを持っているならば、その想いをカタチにすれば良いからです。ベンチャー企業やオーナー企業の場合は、この方法がうまくいくことが多いと感じます。

②著名なデザイナーを起用する

経営トップに力があるものの、そのトップが自分のセンスに自信を持っていなかったり、急遽決まった企業合併などで社名とロゴの発表まで時間があまりなかったりする場合は、著名なデザイナーを起用することがあります。「あの有名なブランドのロゴも作った著名なクリエイターの提案なので」という言葉が説得力になりえます。

話題性やＰＲ効果を考える場合も効果的です。著名なデザイナーに制作してもらった自社のロゴがデザイン雑誌などさまざまな媒体に掲載されて、アピールできるといった利点もあります。

③社員を巻き込む

しかし、せっかく社員の「想い」を集め、あるべき姿を定義したのであれば、ロゴ開発も社員を巻き込むのが一番好ましい形だと私は考えます。自分たちで選んだロゴだという当事者意識があれば、そのロゴに愛着も増すでしょう。

社員を巻き込んだ東武グループのロゴ開発

東武グループのロゴを開発したときのことをご紹介しましょう。

東武グループでは、東京スカイツリー®を中心とした業平橋押上《なりひらばし》地区開発事業の進展に伴い、グループとしての知名度が国内外において高まりつつある状況で、グループとしてのブランドを強くアピールし、さらにグループとしての一体感を高め、ブランド価値向上につなげていくことが求められていました。そこで、東武グループの価値をさらに向上させるためにグループ全体で統一されたロゴを開発することになりました。

ロゴ開発にあたっては、多くの社員が納得するものを作ることが求められ、そのために社員を巻き込んだプロジェクトを実施しました。

具体的には、第4章でお話ししたように、プロジェクトメンバーと一緒に、度重なる議論で方向性を明確にしたあと、約1500案のデザインスケッチを作りました。

そして、そのデザイン案を会議室の壁に張り出して、さまざまな部門の社員の方にそれぞれ付箋を渡し、気に入ったロゴに付箋をつけてもらい、絞り込んでいったのです。ここで1500案から32案まで絞りました。

その32案をさらにデザインとして精緻化し、今度は8案まで絞り込みました。

大事なのは、このときにプロジェクトメンバーで検討した方向性（コンセプト）をもとに選んでいくことです。デザインを選ぶ基準を先に伝えておかないと、ただの「好き」「嫌い」でデザインを判断することになってしまうからです。それではせっかくの「想い」が反映できません。

東武グループ　ロゴ選考の様子

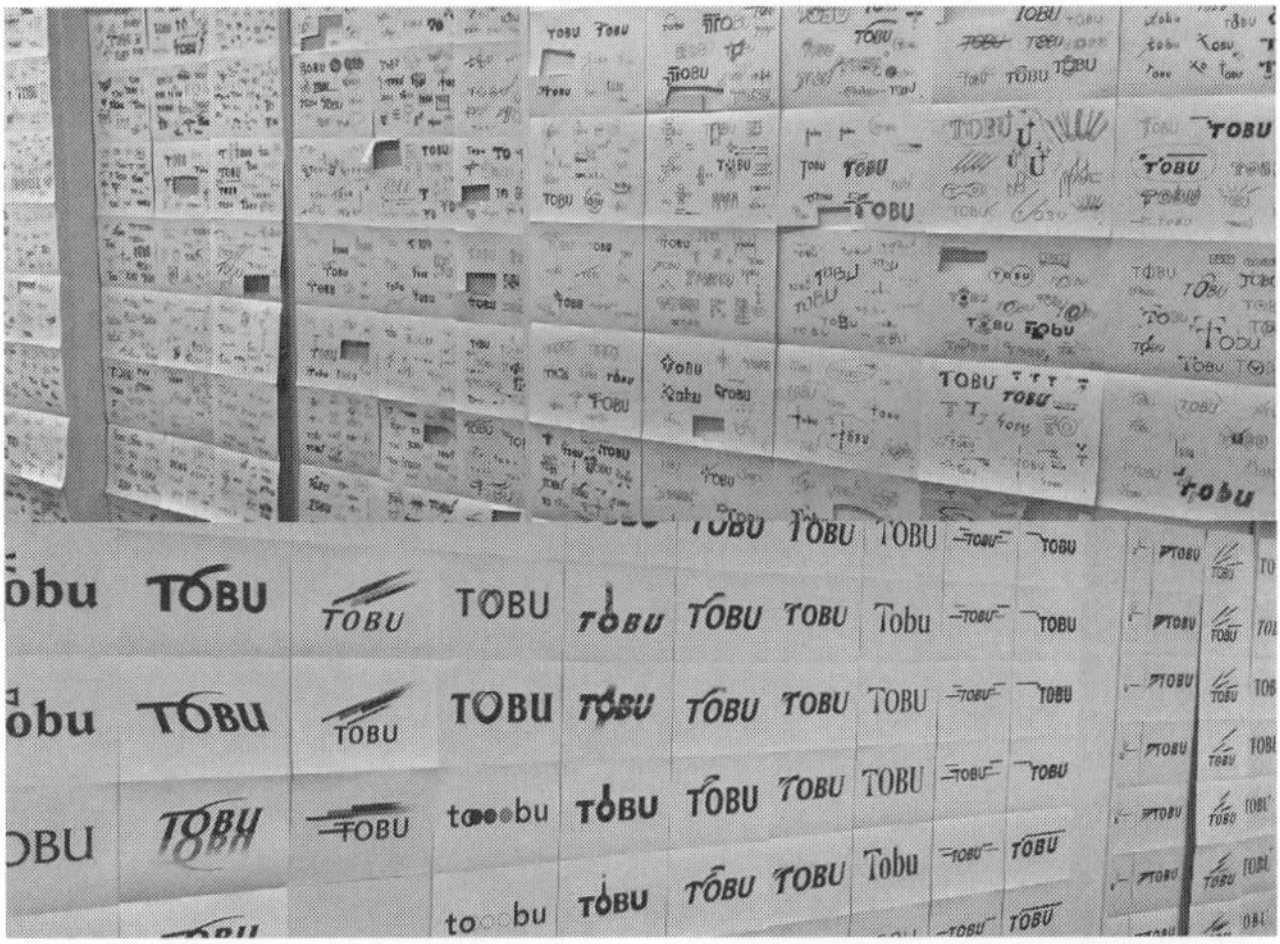

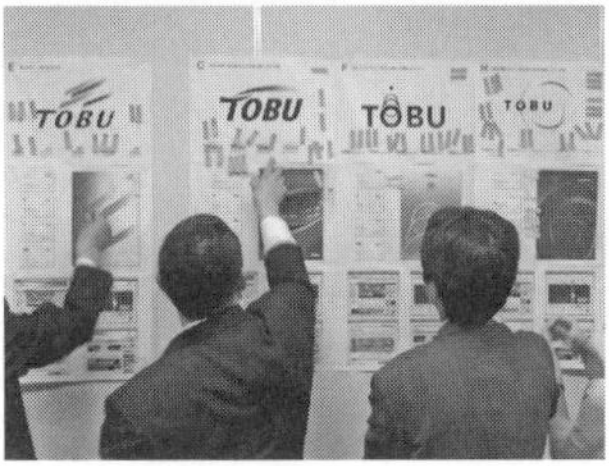

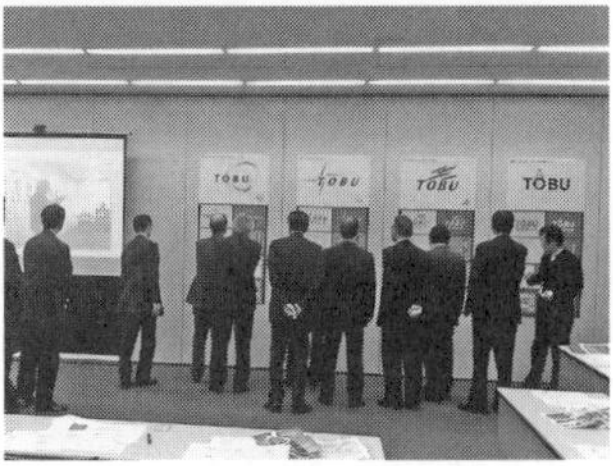

決定したロゴ

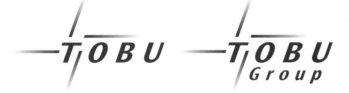

TOBU

TOBU Group

その後、会社上層部の判断を仰ぎ8案を4案に、4案を3案にと絞り込みながら、最終案を決めました。

8案から最終的に1案に絞る段階でもやはり、ここまでの選考プロセスを写真などでお見せし、多くの人の「想い」が反映されたデザイン候補案だということをお伝えしました。それをすることで、誰もがいまある8案や4案といった少ない候補の中から選ぶことに納得してくれるのです。

このような社員を巻き込んだ「プロセス」を大切にして、会社全体で選び抜いたものであるからこそ、最終的にみんなが納得できるロゴになるのです。

感覚を論理で説明する

とはいえ、どんなにプロセスを経てそこに立ちあった人たちが納得して決めたとしても、関係者には「自分はこのロゴは好きではない」と言う人が必ず出てきます。特にデザインは感覚的なものなので、文句を言いやすく、揚げ足をとろうと思えば、いくらでもとれます。

ですから、そのロゴにどんな想いが込められているのかを、きちんとロジックをもって説明できるかどうかが重要になってきます。そのロゴデザインに会社の価値や想いが集約されていることを論理的に説明することができれば、「好き」「嫌い」だけで判断されないからです。

したがって、選考プロセスにおいても、「あるべき姿」の定義と共有は欠かせません。それがないと、決定したロゴに対して、論理的な説明が加えられないからです。

先ほどの東武グループのロゴの場合、次のような説明になります。

「TOBU」の頭文字「T」を起点に、まっすぐ伸びていく「Future Cross」と名付けたラインを用いて、人々が集い、交流し、つながることで生まれる「すてきな未来」を表現し、東武グループとして、「沿線・地域の人々に安全・安心や楽しみ・期待感を提供する姿」や、「東京スカイツリー®の空に向かって高く伸びる姿」を視覚化したものです。

さらに、4本のラインは上下左右・東西南北の全方位に張り巡らされたアンテナであり、沿線・地域のニーズを集め、先取りし、積極的に情報を発信する姿勢をも示しています。

また、カラーは「Future Blue」と名付けた青色を採用。これは、たくさんの人々の安全・安心で快適・便利な暮らしを支え続ける東武グループの「信頼性」や「包括力」、「期待感」を表しています。このロゴには、東武グループが、にぎわいあふれる沿線を作り、たくさんの人々に愛され、笑顔あふれる「すてきな未来」に向けて、沿線・地域の皆様とともに成長していきたいという強い想いが込められているのです。

社員を巻き込んで多くのロゴデザイン案の絞り込みを行うときには、いいと思うロゴ案以外に「嫌だと思うロゴ」も一緒に選んでもらいます。この「嫌だと思うロゴ」のほうは、不思議なほど同じマークが選ばれることが多いものです。「このロゴはうちの会社っぽくない」とネガティブなイメージを持つものは、往々にして共通するのです。

しかも、そのマークはその会社について何も知らない第三者が先入観なく選ぶと、「これが一番かっこいいのではないか」と思うロゴだったりすることが多いのが、また不思議です。これは、目に見えない自分たち「らしさ」が社員一人ひとりの意識の奥底では共有されていた証です。

ロゴは、その後、社員の活動と切っても切り離せないものになるので、たとえ第三者が評価しても、社員にとってネガティブなイメージがあるデザインは排除していくことが大事です。

そのロゴ入りＴシャツを着たい？

ロゴのデザインには完全なる正解がありません。また、ロゴが決まったら、それで終了というものでもありません。そのロゴに付随するイメージを作っていくのが、第８章で述べるブランディングの「ＩＮＧ」のフェーズです。社員が愛着を持ち、積極的に使いたいと思うロゴに育てていくことが大事です。

社員がロゴ入りＴシャツを着たいと思うか、ロゴ入りボールペンを持ちたいと思うか、名刺を配りたいと思うか。

ロゴはあらゆるシーンについてまわりますから、社員に愛されるロゴであってほしいものです。私ができるだけ社員を巻き込んでロゴを決定したいと思うのは、社員に好かれ、共感されやすいロゴのほうが、その後の活動がやりやすくなるからです。

たとえロゴが決定したときには「しっくりこないデザインだ」と思う社員がいたとしても、その後、会社があるべき姿に向かって変化していったり、世の中から認められるようになってきたりすると、自社のロゴはどんどんかっこよく見えてくるはずです。**ロゴを確固た**

るブランドに育てていくのは、結局は、その後の活動次第なのです。長い目でロゴを育てていくことが必要です。

ロゴでチェックすべき要素

ロゴは多岐にわたる接触ポイントで使用されるため、機能面にも留意する必要があります。機能的基準として、次の五つはクリアすべきです。

①視認性
視認性は一番大事なポイントです。要は、見やすいか、わかりやすいか。ごちゃごちゃしていないか、遠くから見てもわかるかをチェックします。

②識別性
他のロゴとのちがいがわかるか。独自性があるか、ということも考慮に入れます。

③展開性

印刷物やサイン、映像など、ロゴはいろいろなツールで展開されます。たとえば、横長の看板、縦長の看板、双方で使いやすいか、モノクロでもわかりやすいか、小さく印刷してもつぶれないか、金型や銘鈑で使用しても問題ないかなど、いろいろなものに展開しやすいかを確認しておきます。

④耐久性

流行に左右されず中長期の使用に耐えられるかどうかも確認します。ロゴは一度決めるとだいたい20年、30年と長い間使われるのが一般的です。ですから流行に左右されず、飽きのこないデザインを選ぶ必要があります。

⑤商標

最後に商標に留意することです。他に類似の使用がないか、他社が類似の商標を登録していないかは必ず確認する必要があります。

ロゴと言えば、いつもすごいなと感心するのが、雑誌のロゴです。「ジャンプ」や「マガジン」といった漫画雑誌の表紙をよくよく観察してみると、漫画の絵やアイドルの写真の下になって、ロゴは一部しか見えていません。けれども、私たちは文字の一部を見て、コンビニでも一瞬で、「ジャンプ」や「マガジン」を認識します。

これは女性誌でも同様で、号によっては「ｗｉｔｈ」や「ＭＯＲＥ」のロゴが50パーセント近くも写真に隠れて見えていないことがあります。それでも何度も繰り返しそのロゴを見ている人たちは、一瞬にしてその雑誌が「ｗｉｔｈ」や「ＭＯＲＥ」であることを認識するのです。

つまり、たとえロゴがなくても、色や写真、レイアウトなど表現スタイルや方法などに一貫性があると、ブランドらしさは感じられ、受け手にも共通した認識を与えることができるのです。

色が連想させるイメージ

色について考えてみましょう。

東京に住む人たちは、メガバンクの看板を、ほとんど色だけで判断しているはずです。赤だったら三菱東京ＵＦＪ銀行、緑だったら三井住友銀行、青だったらみずほ銀行といったように、一瞬の視覚情報で、色と会社名（銀行名）を結びつけているのです。

意識的に銀行の場所を覚えていなくても、なんとなく色が記憶に残っていて、「あの先にあの銀行があるみたいだ」と認識されていることは多々あります。

逆の例もあります。ある銀行では赤がブランドカラーで、シンボルマークも赤で作られています。理念に「情熱」や「活気」という言葉があるためです。そうすると、そこで働く行員は、自分たちの色は「赤」だと認識するでしょう。しかし、店舗の看板やＡＴＭではナチュラルでリラックスしたイメージを与えたいと、緑色を中心に色が使われたとします。そうなると、お客様はその銀行のカラーを「緑」と認識するでしょう。

「ロゴ」とその他の接触ポイントが一貫した色使いをしていないために、社内外でイメージにばらつきが出てしまったのです。これは、とてももったいない例と言えるでしょう。

人は、色から連想するイメージを持っています（図表20）。それぞれの色には多くの人が感じるイメージがあるので、自分たちの会社がどういったイメージを持たれたいかによって、会社のカラーを選ぶといいでしょう。

ブランドカラーを研究していると面白いことに気づきます。

【図表20】色とイメージ

色	連想する代表的なもの	連想されるイメージ
赤（レッド）	炎、血、朝日、リンゴ、イチゴ	情熱、怒り、暑さ、活気、勇気、興奮
茶（ブラウン）	土、木の幹、秋、コーヒー、じゃがいも	堅実、安全、地味、豊かさ
橙（オレンジ）	太陽、たき火、夕焼け、みかん	あたたかさ、陽気さ、よろこび、楽しみ、交流
黄（イエロー）	光、星、ひまわり、レモン、バナナ	明るさ、楽しさ、希望、軽さ
緑（グリーン）	植物、葉、草原、スイカ	バランス、成長、リラックス、若さ、新鮮さ
青（ブルー）	空、水、海、湖、川	涼しさ、冷静さ、誠実さ、さわやかさ、平和
藍（インディゴ）	宇宙、深海、藍染め、なす	まじめさ、知的さ、落ち着き、従順
紫（パープル）	藤の花、すみれ、ぶどう	高貴、気品、神秘、尊さ、精神性
桃（ピンク）	女性、乙女、愛	美しさ、やさしさ、自己愛
白（ホワイト）	雪、光、紙、砂糖、ミルク	清潔、純潔、純真、無垢、平等、平和、浄化
灰（グレー）	雲、コンクリート、ネズミ	曖昧、地味、控えめ、穏やかさ、上品
黒（ブラック）	夜、闇、カラス、礼装、インク	重厚、高級感、恐怖、無意識

たとえば、鉄道会社は、ほとんどが青系のブランドカラーです。唯一の例外は東急電鉄と、地域によって色を分けているJRくらいで、それ以外の鉄道会社は水色からブルー、紫の間の色を使用しています。これは、赤系のカラーには先ほど述べた「血」や「危険」のイメージがあるから避けている、あるいは青系の色で誠実さや実直さを伝えたいために選定されているのではないかと推測できます。

逆に、食品を扱うスーパーなどは、ほとんど青系の色は選ばれていません。グリーン系か、赤〜オレンジ系のどちらかが主流です。これは、新鮮さやみずみずしさを打ち出したい場合はグリーン系、あたたかさや親しみやすさを出したい場合は赤〜オレンジ系が選ばれているからでしょう。青系だと食欲を減退させる印象があり、食品スーパーには向かないと考えられます。

このように、さまざまな会社のブランドカラーを見ると、どんなブランドを目指しているのかがわかると言っていいくらい、会社の「らしさ」がにじみ出ます。

「らしさ」は文字デザインにも表れる

フォント（書体）や文字の太さ、サイズ、文字間・行間などにも、その会社「らしさ」が表れます。

明朝体とゴシック体、セリフ書体とサンセリフ書体では受ける印象が全然ちがいます。明朝体は、横線に対して縦線が太く、横線の右端、曲り角の右肩に三角形の山（ウロコ）があって、払いやはねが目立つ書体です。このような書体は長い文章や小さいサイズで使うときは読みやすく、また強弱があって大人っぽい印象を受けます。

逆にゴシック体は、横線と縦線の太さがほぼ均一で、比較的主張が強く男性的な印象を与える書体です。見出しなどによく使われます。欧文フォントにおける、セリフ書体（縦線が太く、ウロコのある書体）とサンセリフ書体（線の太さが一様）も大きく印象が異なります。

また、どれくらい文字間や行間をつめて文章を書くかによっても会社のイメージは左右されます。文字の間隔が狭いと忙しくもスピード感のある印象を受けますし、逆に広いと、落ち着いて、ゆったりとしたイメージを与えます。

私がブランディングのお手伝いをする場合は、その会社のブランドコンセプトに合う推奨書体を提示します。日本語だけではなく、英文、数字との理想的な組み合わせや太さをマニュアル化します。

それ以外にも会社のホームページやパンフレット、広告などに使ってもいい写真やイラスト、使わないほうがいい写真やイラストなど、ビジュアル要素の選定基準も作ります。

たとえば、その会社の人格を示すキーワードが「明るい」「自然な」などであれば、どんな写真が明るく見えるか、自然に見えるかなどの例をあげ、一方でどんな写真が「暗く」「不自然」に見えるかを例示して、社内で共有できるようにします。

自社ビルや工場の写真をホームページにアップするにしても、天気の良い日に地面に対してまっすぐ建っている状態のビルを撮影するのはOK。天気の悪い日にビルをわざと斜めから撮るのはNGなどの基準を決めておきます。

人物写真でも、自然な表情をしているか、清潔感はあるか、逆にわざとらしいポーズをしていないか、などの選定基準を定めます。

会社が発信するすべてのビジュアルにおいて、このような選定基準を作っておいて、写真やイラストを選ぶようにすれば、会社のイメージがバラバラになることが少なくなります。

三菱重工のコーポレートカラーを作る

三菱重工業（以下、三菱重工）のコーポレートデザインシステム開発についてご紹介しましよう。

三菱重工は、これまで三菱のスリーダイヤに社名のロゴを使用する規定のみで、そのほかの色使いやデザインが自由だったため、展示会や記念品、製品カタログなどの制作物は、各事業部の担当者がその都度考え、さまざまな「三菱重工」のイメージが作られていました。

ある大きな展示会で、同じ会場に複数の事業部が参加したことがありました。ジャンル分けの関係で、同じ会場でありながらブースが別々になったのですが、担当部署や制作会社がそれぞれにブースを作ったため、まったく異なるデザインコンセプトの「三菱重工」が同じ会場に同居することとなってしまいました。こうなると、せっかく統一した企業イメージを作ろうとしても、空回りしてしまいます。

ヒアリングを進めていくと、実は三菱重工にはコーポレートカラーがないことがわかりました。三菱といえば赤のイメージがあるかもしれませんが、それはあくまで社章の赤。三菱重工ブランドとして、きちんとコーポレートカラーを設定していなかったのです。

三菱のマーク（スリーダイヤ）を変えるのではなく、それ以外の要素で、三菱重工らしさを統一して表せるデザインルールを開発することになりました。

そのためにブランドパーソナリティを「Global」「Passionate」「Steady」の三つのキー

デザインのルールを作り、さまざまなアイテムへ展開

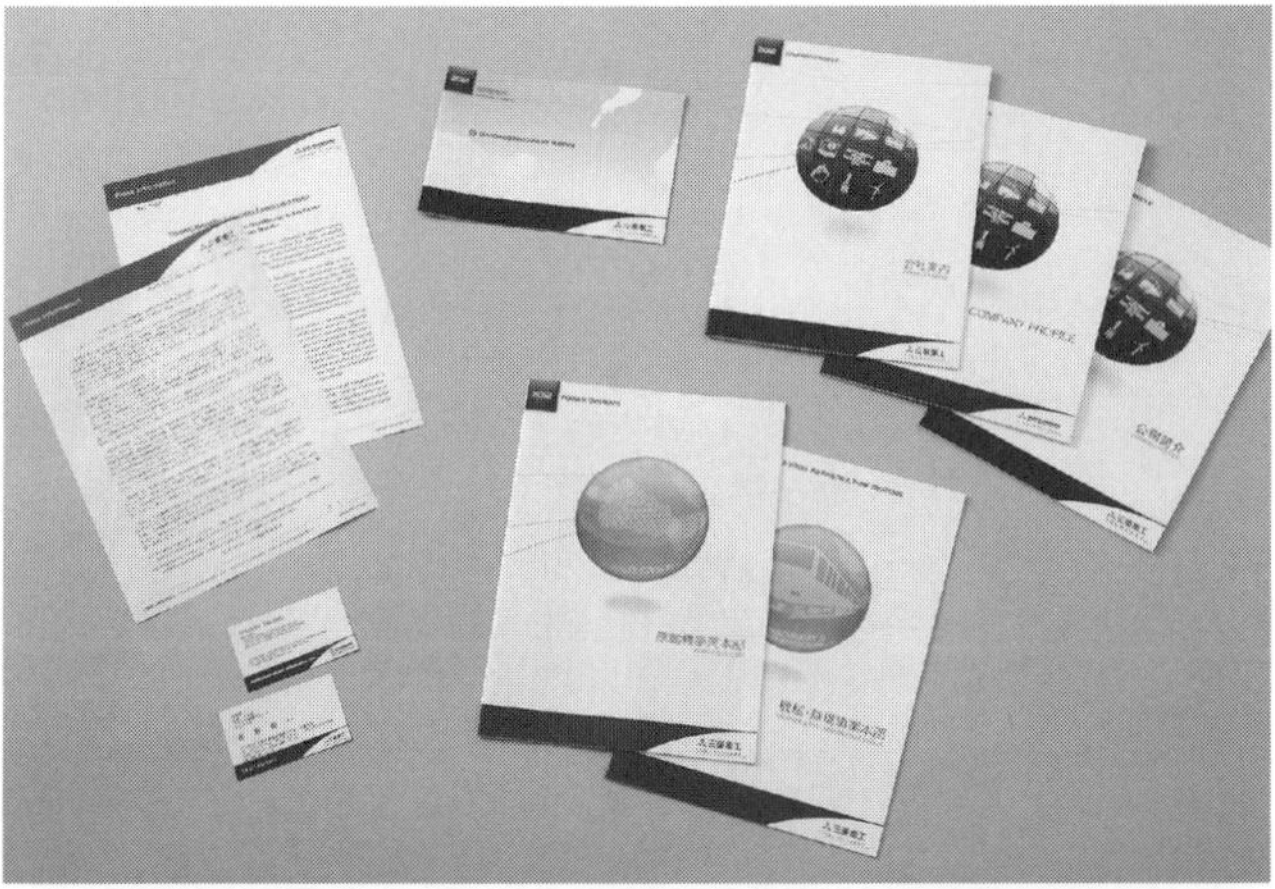

ワードで規定。それをもとに、Globalからは、深い青の「MHIブルー」、Passionateからは「MHIレッド」、Steadyからは「MHIブラック」といったコーポレートカラーが生まれました。

さらに、「グローバル・アーチ」と命名された、スケール感のある上昇カーブを描く円弧とMHIブルーの二つの要素からなるデザインエレメントを開発し、あらゆるツールで使えるようにするとともに、推奨書体をはじめ、レイアウトの方法、ユニバーサルデザインへの心がけなどさまざまなルールを定め、デザインの統一をしていくことにしました。

名刺からはじめ、ホームページ、手提げ袋、クリアファイル、記念品、看板、会社案内などと、順を追って次々とデザインをリニューアルし、浸透させていきました。

発信するイメージも統一され、規定ができたことで、結果的にデザイン設計におけるコストの削減にもつながったそうです。

以上のように、**あるべき姿を見える化し、バラバラになりがちな視覚情報を統一して発信**していくことで、社内だけでなく社外に対しても自分たちらしさをズレなく伝え、求めているイメージや評価を獲得することにつなげるのです。

第8章　「あるべき姿」を社内で共有できますか？

会社のあるべき姿を「言葉」で示し「視覚」で表すことができたら、ここからは、それを浸透させていく段階になります。

ブランディングを「ＢＲＡＮＤ」と「ＩＮＧ」で分けるとしたら、「ＩＮＧ」の仕事がここからです。

もちろん、あるべき姿を伝え浸透させていくわけですから、会社案内を作ることも、ホームページをリニューアルすることも、テレビＣＭや新聞広告などでアピールすることも「ＩＮＧ」を進めるためには有効です。ですが、ここでも最も大きなカギを握るのは、「社員」の存在です。

社員が自分の会社を語るときの言葉に統一感があるか。

社員のふるまいは、会社のあるべき姿にふさわしいか。

そして社員のあらゆる活動に一貫性があるか。

これらの視点から、最後に、社員の意識を統一していく「インナーコミュニケーション（社内へのブランド浸透）」のやり方について、話を進めていきましょう。

あるべき姿をまず社内に伝える

会社に対する想いを集め、あるべき姿を定義し、ブランドステイトメントやスローガンとして表現し、ロゴやビジュアルイメージに反映させる。このような一連の作業をすると、その後の会社では何がどのように変わるのでしょうか。

私がお手伝いした会社でヒアリングをしたところ、このような成果を報告してくれました。

- 自分たちの会社の良さを改めて確認することができた
- 家族や取引先、顧客に対して、自分たちの会社の魅力をはっきり言えるようになった
- スローガンが社員の口グセになり、会社が目指す姿をつねに意識するようになった
- 自分たちが行動するときや判断するときの指針ができた
- 自分たちの会社の将来が楽しみになった
- 社員の一体感が高まった。会社に対するロイヤルティが高まった

【図表21】あるべき姿の具現化とコミュニケーション

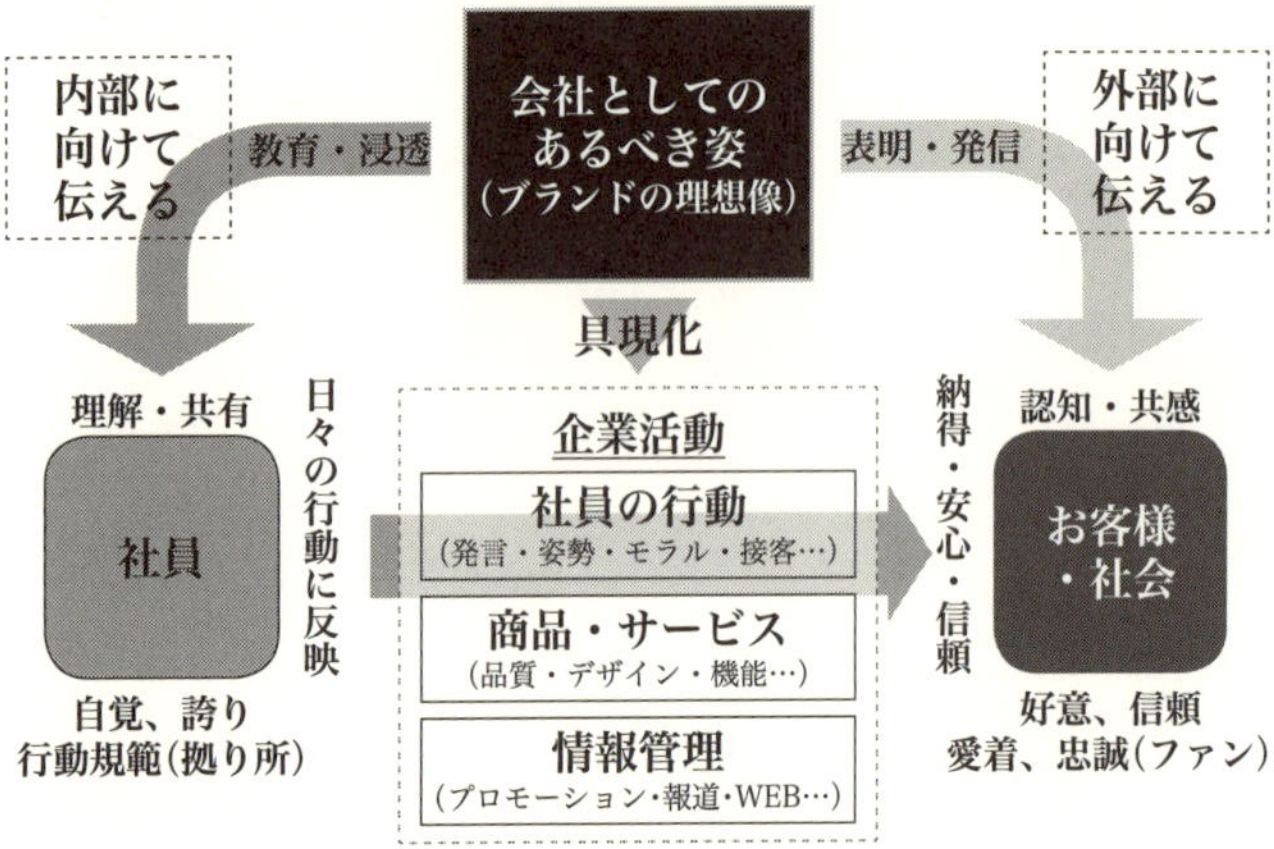

これらの変化は、社員を巻き込み、社員からあがってきた「想い」をカタチにしていったからこそ起こる変化だと私は考えています。

コピーライターやデザイナーが一方的に押し付けた文章やロゴではなく、社員とともに作り上げた言葉やビジュアルを使用しているからこそ、「自分ごと」として捉えられ、変わっていくことができるのです。

とはいえ、ただ単にブランドコンセプトやロゴを作っただけで、会社のあるべき姿が一朝一夕で実現するわけではありません。

お客様に対するどの接触ポイントでも社員が一貫した態度をとれるようにするために、まずは社内に対してブランドの浸透をはかります。

図表21を見てください。

あるべき姿がカタチになったら、それを具現化させる必要があります。つまり会社が行うさまざまな活動（社員の行動、商品やサービス、情報管理など）をあるべき姿に則って、変えていく必要があります。

それには、まずは社内に向けてあるべき姿をしっかり伝え、社員に自覚してもらう必要があります。それがあってこそ日々の行動に反映できるからです。一方で社外に対してもあるべき姿を表明します。そのことによりお客様や社会は会社の想いや姿勢に共感し、期待してくれるようになります。

そして、お客様の期待通りに会社が活動してくれると、そこに信頼が生まれ、さらにそれが愛着につながっていくのです。

一方的に社外に向けて表明や発信をするだけで、実際の会社の活動がそれに伴わず、期待以下だったとしたら、信頼を失い、お客様も離れてしまうことになるでしょう。つまり、何よりもまずは、**社内にしっかりあるべき姿を伝えることが重要**なのです。

ブランド浸透に必要な伝道師

一般的に、ブランドを社内に浸透させていくためには、三つのやり方があります（図表22）。

A　伝道師の育成
B　社内コミュニケーション
C　制度・仕組み

です。順を追って見てみましょう。

一つめは、ブランドの伝道師を育成していくことです。会社が大きければ大きいほど、全社員一斉にあるべき姿を伝え、意識を変えていくのは難しいので、まずは代表者を選んで伝道師として任命し、その人たちを通じて内部に浸透させていきます。

このとき、ワークショップなどに参加して、ブランディング・プロジェクト自体に巻き込むことができた社員は、「あるべき姿」の規定にもかかわっているので、力強い伝道師になってくれる可能性があります。

【図表22】社内浸透　3つの基本的方法

A 伝道師の育成	B 社内コミュニケーション	C 制度・仕組み
・コンセプト策定段階からの巻き込み ・ブランド管理者の設置 ・伝道師の任命と育成	・社内情報メディアの活用 ・浸透ツールの整備 ・ブランドについて考える「機会」の設定	・部門／個人の目標設定 ・表彰制度、提案制度 ・人事制度への組み込み

自社のブランドについて熟知し、ブランディング活動の旗振り役になってくれるような人をさまざまな部門から選出し、「伝道師」として認定します。いろいろな社内浸透施策を考えてもらったり、周囲のメンバーへあるべき姿を伝えたり、自ら率先して理想的な行動を取ってもらったりするようにします。

また、それとは別にブランディング推進体制を整備し、ブランドの浸透状況を管理する人材や専任部署を置く必要もあります。現場の伝道師がせっかくいろいろな活動をしたいと考えても、その上の人が認めないと実際には自由に動けないので、管理職や部門トップの人にブランドコンセプトをしっかり理解してもらい、その浸透に協力してもらうことが重要になります。

東京ディズニーリゾートでは、現場のスタッフ（キャスト）の中で募集をかけ選抜する「ユニバーシティ・リーダー」という制度があります。

1年の任期で、新人キャストのトレーニングや後輩の指導にあたり、理念や行動指針を自分の体験談や職場の様子を交えながら伝えるそうです。ユニバーシティ・リーダーになったキャストは、それ自体が大きな栄誉であり、モチベーションが高まります。そして、想いを伝える「伝道師」へと育っていくそうです。

社内コミュニケーションを推進する

二つめは、社内コミュニケーションをしっかり行っていくことです。社員にあるべき姿を浸透させていくためには、まず社内にある既存の情報メディアを活用します。

「自分たちの会社の情報をどこから仕入れていますか」と社員にアンケートを取ると、部門によってばらつきが出ます。

社内報、イントラネット、朝礼や全体会議で上司から、ということもありますし、喫煙所や食堂、トイレの会話からといったケースもあります。

そういった、社員が情報を得る場所を洗い出して、部門ごとに届きやすい方法で伝達をします。

管理部門だと絶えずパソコンを見ているのでメールやイントラネットが有効です。生産部門や工場では、敷地内の掲示板を使うなどします。社内放送や社内に設置されている大型テレビで情報を流すこともあります。

また、社員手帳やカレンダー、給与明細書の裏などを使ってブランドステイトメントを載せることもあります。給与明細に記載されていれば、全社員が月に1度は必ず目にし、意識することになります。

このように、いまある社内メディアをうまく活用して、社内のさまざまな接触ポイントで、あるべき姿の浸透をはかっていくのです（図表23）。

あるべき姿を浸透させるために、新たにツールを作る場合もあります。

私がブランディングに携わった多くの会社で行うのが、ブランドコンセプトブックを作ることです。これは、宗教でいうところのバイブルにあたるものです。自社のあるべき姿の内容を、わかりやすく詳細に記したブックを全社員に配布し、いつでも読み返すことができる状態にします。

【図表23】ブランド浸透ツールの整備

配布物	モノとして残り、いつでも読み返すことができる	●ブランドコンセプトブック ●ブランドペーパー（かわら版）
映像	頭に入りやすく、記憶に残る	●ブランドムービー（ビデオ）
ネット	更新しやすく、いつでも最新情報にアクセス可能	●イントラネット ●Eメール
その他	日常業務において定期的に目にすることで定着を図りやすい	●携帯型カード ●業務用ツール ●ノベルティグッズ ●Eラーニング

それ以外にも、名刺サイズのカードにして毎日持ち歩けるようにしたり、メモ帳や付箋など社員が使う文具にスローガンを印字したりして、いつでもあるべき姿を意識してもらう働きかけをすることもあります。最近では啓蒙ビデオを作る会社も増えています。

高級ホテルのリッツ・カールトンでは、サービスに対する考え方の真髄を「クレド」「サービスの3ステップ」「モットー」「サービスバリューズ」「従業員への約束」からなるゴールド・スタンダードに集約し、世界中すべての従業員が、ゴールド・スタンダードが記載された「クレド・カード」をつねに携帯して、その理念を心に刻み、率先して実行しているそうです。それが、究極のホスピタリティにつながっています。

【図表24】ブランドについて考える「機会」の設定

トップの発言	**■トップによる方針発表、メッセージの発信** トップによる講演 社内報、イントラネット、社内放送を活用し、繰り返しトップからメッセージを伝える
教育・研修	**■新人研修** 新しく入ってきた社員全員に、必須研修としてブランドを伝える機会を作る **■階層（役職）別研修プログラムの実施** 部単位→課単位→チーム単位へブレイクダウンしていく **■定期的なチェック試験の実施** ブランドの理解度や、社員としての心掛けなどを定期的に試験することにより、定着を図る
イベント	**■社員交流イベント** トップと若手社員が語る会や、部門別社員の勉強会などの開催により、社内のコミュニケーション向上や意識の共有化を図る **■ワークショップ** 部門横断型メンバーによるワークショップを実施し、あるべき姿の実現に向けたアクションプランを検討する
日常業務	**■朝礼・終礼** 日々の朝礼等で、ブランドを意識したメッセージ発信や、好事例の共有などを行う

自社のあるべき姿について、考える「場」や「機会」を設定することも重要です（図表24）。経営者による方針発表などトップが発言する場を増やしたり、研修プログラムの中で自社のブランドについて考える機会を設けたりします。社員間で交流するイベントを行う会社もあります。

制度や仕組みで浸透させる

三つめが制度や仕組みを作っていくやり方です（図表25）。

その中の一つに、会社のあるべき姿を個人目標まで落とし込んでいく方法があります。

たとえば、「会社のあるべき姿を実現するためには自分たちは何をすべきか」というこ

【図表25】社内制度や仕組み

個人目標への落とし込み	■部門ごとの目標設定 ブランドコンセプトに基づいて、部門ごとに具体的な目標を設定 ■個人ごとの目標設定 部門目標をもとに、個人単位で、どのように自分の行動を変革させていくかの目標を立てる この際には全社員のレベルを合わせるために統一したワークシートを使用するとともに、個人ごとの目標を職場に張り出して、社内に宣言させる形をとる また、日常的に個人面談などの場においても、個人目標について話す機会をつくる
社内制度の構築	■組織活性化・表彰制度 日々の業務活動で組織風土活性化に貢献した社員や部門を表彰する制度の設定 ■組織風土改革提案募集 組織の風土改革に係るアイデアや、論文などを全社員から募集し、表彰するキャンペーンを展開
人事制度への組み込み	■採用基準 採用段階から、ブランドに相応しい人材を採用するよう、基準を設定する ■評価・昇進の基準 社内の評価や昇進・昇格の基準のひとつとして、ブランドに対する理解度を含める ■人材配置 ブランドの伝道師や理解者などの配置を工夫する

とを個人の業務レベルまで落とし込み、目標提示してもらいます。そして、その目標を自ら宣言するのです。その宣言を職場に張り出したり、社内のイントラネットで見られたりするようにして、積極的な「自分ごと化」をめざすこともあります。

会社によっては、あるべき姿に則った行動をとった社員を表彰する制度を作る場合もあります。自分たちの行動がつねに自社のあるべき姿に合っているかどうかを確認するためにも、このような表彰制度は強い動機づけになります。

採用基準や人事評価、給与制度について、あるべき姿にもとづいて人事制度自体を変更する会社もあります。それくらい強い意識をもって、社内への浸透を徹底していくのです。

顧客満足度が高いことで有名なアメリカの靴の通販会社、ザッポスでは、「カルチャーブック」という社員参加の写真&文集を毎年作成し、企業文化を育成しているそうです。「ワオ！という驚きの体験を届ける」などユニークなコアバリューをもつ個性的なこの会社は、強力なファンを獲得しています。

このような活動を通して、社員にあるべき姿を継続して植え付けていき、社員の心を一つにしていくのです。

社外に向けて宣言する

社内におけるあるべき姿の浸透とともに、社外に向けた宣言も大切になってきます。

ここでようやく広告の出番です。ブランディングは「広告を打って知名度を上げること」と同義に捉えられがちだという話をいちばん最初にしましたが、いままでお伝えした長いプロセスを経た後で、ようやく広告をすべき段階になります。

あるべき姿が明確になった後には、マスメディアを使った広告などによって、スローガンとともに会社のあるべき姿や獲得したいイメージを積極的に社外へ伝えていきます。社外に向かった発信は、社内に対してもインパクトを与え、社員に自覚をもたらし、自社のブランドを高めていこうとする意識を引き出す効果があります。このような社外向けのコミュニケーション活動が、結果として社内に対しても効果をもたらすことを「ブーメラン効果」といいます。

一般的な生活者を対象としないＢｔｏＢ企業が、テレビや新聞でイメージ広告を行っているのは、実はこのようなブーメラン効果を狙ったものが多いと思われます。

また、ロゴやスローガンが変わった場合は、日常的に社外の人と接触する名刺や封筒、レターヘッド、広告、販促ツール、ホームページなどに展開していきます。お客様にはこうしたアイテムを通じてメッセージが徐々に伝わっていくことでしょう。

そして、たとえば新しい名刺を関係者に渡すタイミングは、自分たちの新しいブランドコンセプトを説明するいい機会になります。

新しい名刺を渡すと、必ずといっていいほど、ロゴやスローガンの変更の理由を尋ねられますので、社員はそのタイミングで「このような想いをもってロゴやスローガンを変更しました」と説明することになります。これを繰り返すことによって、**社員自身も自社のあるべき姿を言葉で語る機会を多く持つ**ようになります。

ある会社では、自社のビジョンを30秒でプレゼンする練習を社員に課していたそうです。社員が自らの言葉でわかりやすく自社の理想像や魅力を語れるようになれば、それは自然と社外にも伝わっていきます。

名刺をはじめ、日々接するさまざまなアイテムを通して、あるべき姿が反映された言葉やビジュアル要素に絶えず触れる社員は、自然と自らを律するようにもなり、それが会社の内部からのブランド構築に結びついていきます。

あるべき姿の社内共有を大切にし、社員によるコミュニケーションを重視していくことが、会社の本質をきちんと理解してもらい、ファンを作り出し、最終的に「選ばれ続ける必然」を作り出すブランディングにつながっていくのです。

おわりに　個人やチームもブランディングできる

ブランディングに関する講演や、実際にブランディング・プロジェクトを行っていると、たまに「これって、個人にも応用できそうですね」とか「うちの家族とやってみたい」というお話をいただくことがあります。

ブランドとは「頭の中に存在する価値やイメージのかたまり」であるとすると、名前のあるもの、つまり人間でも、何かのチームや同好会でも、お店や、さらに広げて地域や国だって、人々が価値や意味を感じるすべてがブランドとなるべき対象だということは、本書の一番はじめに述べたとおりです。

したがって、自らの中に存在する想いや魅力を見つけ、整理し、あるべき姿としてカタチにすること、そしてそれに基づいてさまざまな活動に一貫性をもたらし、受け手が感じる印象や評価をあるべき姿に近づけていくというブランディングの方法は、当然個人をはじめ、いろいろな対象に応用できます。

たとえば、ある会社の部署の名称が「庶務課」であれば、それだけでは他とあまり差別化ができません。何かの際にその部署がすすんで選ばれることもないでしょう。

しかし、自分たちの部署のあるべき姿を「なんでも素早く対応する部署」と定義し、「すぐやる課」という名前をつけて活動したとします。その部署一人ひとりがその名のとおり、「何でもすぐにやる」という一貫した活動を続けたとしたら、そしてそれが社内に認知されて人々の間に共通の価値として蓄積されていったら、どうでしょう。おそらく社内では、「何でもすぐにやってくれる」存在として信頼され、愛されるような部署になるのではないでしょうか。それはまさにその部署がブランドになった証です。

個人であっても同じです。就職活動のときに行う自己分析はまさにぴったりですし、婚活にだって応用できるかもしれません。

自分の人生で何かの節目に自らの魅力を振り返り、

「どんな人たちに愛されたいか（理想のお客様像）」

「どんな価値を提供できるか（提供価値）」

「どんな『らしさ／イメージ』を感じさせたいか（ブランドパーソナリティ）」

で整理し、あるべき姿を定義してみます。そしてそれを言葉や視覚で表現してみるのです。


それは、「人の役に立ちたい」とか「世の中を動かすようなことをしたい」といった大きな志を表す言葉になるかもしれませんし、「マーケティングと語学を強みに世界で活躍できる」「周囲を明るく元気にできる」「体力があって滅多なことではへこたれない」といった、より具体的な言葉になるかもしれません。

そのような自分自身のあるべき姿が明確になれば、初対面の人にも、自然と自分の想いや魅力をアピールできるでしょう。また自ら毎日それを意識することで、日常のふるまいや、何かの意思決定の際にもズレがなくなってきます。つまり筋が通った人として信頼されます。

また「ブランドパーソナリティ」として「明るい」「元気な」「力強い」といった言葉、もしくは「気品のある」「優美な」「洗練された」といった言葉で規定したとしたら、これから着る服や身に付けるもの、髪型などもそれに合わせて自然と変わってくるはずです。

そういった自らのあるべき姿を規定して、一貫したズレのない価値や魅力をさまざまな接触ポイントで提供し続けることができれば、それがその人の個性になり、その個性に共鳴してくれる人たちに信頼され、選ばれ続けるようになるのではないでしょうか。

「自分自身のあるべき姿」をカタチにして、周囲から愛され続ける自分を目指す
「家庭のあるべき姿」をカタチにして、家族の絆をより強くする
「チームのあるべき姿」をカタチにして、メンバーの一体感を醸成し、存在感を高める
「地域のあるべき姿」をカタチにして、住民に支持され発展し続ける街を目指す

そのように、あるべき姿を規定してカタチにするブランディングの方法を活用して、会社はもちろんのこと、みなさん自身、そしてみなさんが所属する部門やコミュニティなど、さまざまなところでブランディングに挑戦してみてはいかがでしょうか。本書がその挑戦に少しでもお役に立てれば幸いです。

本書の執筆にあたって事例などの掲載をご快諾いただきましたクライアントの皆様に厚くお礼申し上げます。

そして、本書の企画段階から構成、編集まで長期にわたってサポートしていただいた佐藤友美さん、講談社の唐沢暁久さんに心よりお礼申し上げます。お二人との度重なる議論によって、頭の中の情報が整理され、時間はかかりましたがようやく本書をまとめ上げることができました。

最後に、この本を読んでいただいた皆様に、感謝を申し上げます。最後までお付き合いいただきまして、本当にありがとうございました。

2016年7月

佐藤圭一

参考文献、資料

『ブランド論　無形の差別化を作る20の基本原則』デービッド・アーカー　ダイヤモンド社、２０１４年
『ビジョナリー・カンパニー　時代を超える生存の原則』ジェームズ・Ｃ・コリンズ、ジェリー・Ｉ・ポラス　日経ＢＰ社、１９９５年
『ブランド価値を高める　コンタクト・ポイント戦略』スコット・Ｍ・デイビス、マイケル・ダン　ダイヤモンド社、２００４年
『真実の瞬間　ＳＡＳ（スカンジナビア航空）のサービス戦略はなぜ成功したか』ヤン・カールソン　ダイヤモンド社、１９９０年
『スターバックス成功物語』ハワード・シュルツ、ドリー・ジョーンズ・ヤング　日経ＢＰ社、１９９８年
『スターバックス再生物語　つながりを育む経営』ハワード・シュルツ、ジョアンヌ・ゴードン　徳間書店、２０１１年
『ビューティフル・カンパニー　市場発の経営戦略』嶋口充輝　ソフトバンククリエイティブ、２００８年
『明日のプランニング　伝わらない時代の「伝わる」方法』佐藤尚之　講談社現代新書、２０１５年
『ディズニーを知ってディズニーを超える　顧客満足入門』鎌田洋　プレジデント社、２０１４年
『ホンダ　イノベーションの神髄』小林三郎　日経ＢＰ社、２０１２年
『「どこでも通用する人」に変わるリクルートの口ぐせ』リクルート卒業生有志　ＫＡＤＯＫＡＷＡ／中経

出版、2015年
『図解でわかるブランドマネジメント［新版］』株式会社博報堂ブランドコンサルティング　日本能率協会マネジメントセンター、2009年
『企業ブランドデザイニング』原田進　実務教育出版、2003年
『カラーイメージスケール　改訂版』小林重順、日本カラーデザイン研究所　講談社、2001年
『9割がバイトでも最高の感動が生まれる　ディズニーのホスピタリティ』福島文二郎　KADOKAWA／中経出版、2011年
『ゴールド・スタンダード』ジョゼフ・ミケーリ　ブックマン社、2009年
『顧客が熱狂するネット靴店　ザッポス伝説　アマゾンを震撼させたサービスはいかに生まれたか』トニー・シェイ　ダイヤモンド社、2010年

「強い企業理念『ヤマトは我なり』は死なず」月刊事業構想2014年5月号
「新ロゴ公開、即座に撤回、ギャップ、予想外の不評。」日経MJ2010年10月22日
ニールセン「広告信頼度 グローバル調査（Nielsen Global Trust in Advertising Report）」2015年9月
総務省「平成27年度版　情報通信白書」
株式会社オールアバウト「国民の決断」調査レポート2014 vol.4「転職」に関する意識調査
日経BPコンサルティング「企業メッセージ調査2015」

佐藤圭一

ブランディング・ディレクター／コンサルタント
1973年千葉県生まれ。慶應義塾大学大学院経営管理研究科修士課程修了(MBA)。WHU経営大学院(Otto Beisheim School of Management)国際単位交換プログラム修了。広告会社の営業職を経て、2006年に凸版印刷株式会社入社。以来、ブランドコンサルティング部門にて、ブランディング・ディレクター／コンサルタントとして、企業理念・ビジョン策定、企業及びグループブランド戦略の立案、CI・VI開発、組織風土改革や広告・広報の支援など、ブランドを起点に企業経営とコミュニケーションの両サイドからコンサルティングサービスを提供。また自らコピーライターとして、理念やビジョンの制作をはじめ、コーポレートスローガンやネーミング開発に携わることも多い。日本マーケティング学会会員(マーケティングサロン委員)。

講談社＋α新書 740-1 C

選《えら》ばれ続《つづ》ける必《ひつ》然《ぜん》
誰でもできる「ブランディング」のはじめ方

佐《さ》藤《とう》圭一《けいいち》 ©Keiichi Sato 2016

2016年8月18日第1刷発行
2019年8月30日第5刷発行

発行者――― 渡瀬昌彦
発行所――― 株式会社 講談社
東京都文京区音羽2-12-21 〒112-8001
電話 編集(03)5395-3522
販売(03)5395-4415
業務(03)5395-3615

構成――― 佐藤友美
デザイン――― 鈴木成一デザイン室
カバー印刷――― 共同印刷株式会社
印刷――― 凸版印刷株式会社
製本――― 株式会社国宝社
本文データ制作・図版――― 凸版印刷株式会社

定価はカバーに表示してあります。

落丁本・乱丁本は購入書店名を明記のうえ、小社業務あてにお送りください。

送料は小社負担にてお取り替えします。

なお、この本の内容についてのお問い合わせは第一事業局企画部「＋α新書」あてにお願いいたします。

Printed in Japan
ISBN978-4-06-272944-4

講談社+α新書

なぜヒラリー・クリントンを大統領にしないのか?
佐藤則男
グローバルパワー低下、内なる分断、ジェンダー対立。NY発、大混戦の米大統領選挙の真相。
880円 709-1 C

ネオ韓方 女性の病気が治るキレイになる「子宮ケア」実践メソッド
キム・ソヒョン
元ミス・コリアの韓方医が「美人長命」習慣を。韓流女優たちの美肌と美スタイルの秘密とは!?
840円 710-1 B

中国経済「1100兆円破綻」の衝撃
近藤大介
7000万人が総額560兆円を失ったと言われる今回の中国株バブル崩壊の実態に迫る!
760円 711-1 C

会社という病
江上剛
人事、出世、派閥、上司、残業、査定、成果主義……。諸悪の根源=会社の病理を一刀両断!
850円 712-1 C

GDP4%の日本農業は自動車産業を超える
窪田新之助
2025年には、1戸あたり10ヘクタールに!! 超大規模化する農地で、農業は輸出産業になる!
890円 713-1 C

中国が喰いモノにするアフリカを日本が救う 200兆円市場のラストフロンティアで儲ける
ムウェテ・ムルアカ
世界の嫌われ者・中国から〝ラストフロンティア〟を取り戻せ! 日本の成長を約束する本!!
840円 714-1 C

インドと日本は最強コンビ
サンジーヴ・スィンハ
天才コンサルタントが見た、日本企業と人々の「何コレ!?」——日本とインドは最強のコンビ
840円 715-1 C

血液をきれいにして病気を防ぐ、治す 50歳からの食養生
森下敬一
なぜ今、50代、60代で亡くなる人が多いのか? 身体から排毒し健康になる現代の食養生を教示
840円 716-1 B

OTAKU《オタク》エリート 2020年にはアキバ・カルチャーが世界のビジネス常識になる
羽生雄毅
世界で続出するアキバエリート。オックスフォード卒の筋金入りオタクが描く日本文化最強論
750円 717-1 C

男が選ぶオンナたち **愛され女子研究**
おかざきなな
なぜ吹石一恵は選ばれたのか? 1万人を変身させた元芸能プロ社長が解き明かすモテの真実!
840円 718-1 A

阪神タイガース「黒歴史」
平井隆司
伝説の虎番が明かす! お家騒動からダメ虎誕生秘話まで、抱腹絶倒の裏のウラを全部書く!!
840円 719-1 C

表示価格はすべて本体価格（税別）です。本体価格は変更することがあります

講談社＋α新書

書名	著者	内容	価格	番号
ラグビー日本代表を変えた「心の鍛え方」	荒木香織	「五郎丸ポーズ」の生みの親であるメンタルコーチの初著作。強い心を作る技術を伝授する	840円	720-1 A
SNS時代の文章術	野地秩嘉	「文章力ほんとにゼロ」からプロの物書きになった筆者だから書けた「21世紀の文章読本」	840円	721-1 C
ゆがんだ正義感で他人を支配しようとする人	梅谷薫	SNSから隣近所まで、思い込みの正しさで周囲を操ろうと攻撃してくる人の心理と対処法!!	840円	722-1 A
男が働かない、いいじゃないか！	田中俊之	注目の「男性学」第一人者の人気大学教員から若手ビジネスマンへ数々の心安まるアドバイス	840円	723-1 A
爆買い中国人は、なぜうっとうしいのか？	陽陽	「大声で話す」「謝らない」「食べ散らかす」……日本人が眉を顰める中国人気質を解明する！	840円	724-1 C
キリンビール高知支店の奇跡 勝利の法則は現場で拾え！	田村潤	アサヒスーパードライに勝つ！ 元営業本部長が実践した逆転を可能にする営業の極意	780円	725-1 C
LINEで子どもがバカになる 「日本語」大崩壊	矢野耕平	感情表現は「スタンプ」任せ。「予測変換」で文章も自動作成。現役塾講師が見た驚きの実態！	840円	726-1 A
新しいニッポンの業界地図 みんなが知らない超優良企業	田宮寛之	日本の当たり前が世界の需要を生む。将来有望な約250社を一覧。ビジネスに就活に必読！	840円	728-1 C
運が99％戦略は1％ インド人の超発想法	山田真美	世界的CEOを輩出する名門大で教える著者が迫る、国民性から印僑までインドパワーの秘密	860円	729-1 C
全国13万人 ポーラレディ 年商1000億円 頂点のマネジメント力	本庄清	絶好調のポーラを支える女性パワー！ その源泉となる「人を前向きに動かす」秘密を明かす	780円	730-1 C
人生の金メダリストになる「準備力」 成功するルーティーンには2つのタイプがある	清水宏保	プレッシャーと緊張を伴走者にして潜在能力を100％発揮！ 2種類のルーティーンを解説	840円	731-1 C

表示価格はすべて本体価格（税別）です。本体価格は変更することがあります